Njuguna Githagui

Sorge dich nicht, mein Sohn

Njuguna Githagui wurde im April 1947 in Muthiga, einem Dorf im Nairobi angrenzenden Distrikt Kiambu, Kenia, geboren. Im Alter von vier Jahren zog er sich bei einem Unfall auf dem elterlichen Grundstück eine Kopfverletzung zu, die zu einer Gehbehinderung führte, der auch mehrfache Aufenthalte in – den seinerzeit kolonialen – Krankenhäusern alles andere als abhelfen konnten.

Neben seiner Leidensgeschichte, den Erlebnissen in seiner großen Familie und seinen verschiedenen Bemühungen um Hilfen berichtet er davon, wie er zu Hause das Lesen und Schreiben und schließlich auch die englische Sprache fließend erlernte, in der er seine Autobiografie verfasste.

Sie ist ein tief bewegender Bericht über ein Leben, in dem sich von Behinderung Betroffene in unseren Ländern auf psychischer Ebene sicherlich oft wiederfinden können, das jedoch von den Mängeln in den äußeren Bedingungen her vielfach nahezu unvorstellbar erscheint.

Njuguna Githagui

Sorge dich nicht, mein Sohn

*Aus dem Englischen übersetzt
und kommentiert
von Anna-Claudia Guimbous*

Bibliografische Information der Deutschen Nationalbibliothek
Die Deutsche Nationalbibliothek verzeichnet diese Publikation in der
Deutschen Nationalbibliografie; detaillierte bibliografische Daten
sind im Internet über http://dnb.d-nb.de abrufbar.

Dr. Anna-Claudia Guimbous (Hrsg.)
Njuguna Githagui
Sorge dich nicht, mein Sohn – Ein kenianisches Leben im Rollstuhl

Berlin: Pro BUSINESS 2010

ISBN 978-3-86805-765-2

1. Auflage 2010

© 2010 by Pro BUSINESS GmbH
Schwedenstraße 14, 13357 Berlin
Alle Rechte vorbehalten.
Produktion und Herstellung: Pro BUSINESS GmbH
Gedruckt auf alterungsbeständigem Papier
Printed in Germany
www.book-on-demand.de

Die englische Erstausgabe erschien 1982
bei Komet Publishers Nairobi, Kenia
unter dem Titel „Don't worry my son"

book-on-demand ... Die Chance für neue Autoren!
Besuchen Sie uns im Internet unter www.book-on-demand.de

Inhalt

Vorwort des Autors

Dieses Buch wäre ohne die Hilfe meiner Familie nicht möglich gewesen. Da ich nie ein Klassenzimmer von innen gesehen habe, verdanke ich alles, was ich erreicht habe, allein ihrer unermüdlichen Unterstützung und Förderung. Mein Buch erzählt davon; es ist der wahre Bericht über einen Kampf gegen zahllose Schwierigkeiten, den ich ohne sie niemals gewonnen haben könnte.

Es erfüllt für mich einen Traum. Meine Freude über seine Veröffentlichung trübt nur, dass mein Vater sie nicht mehr miterleben durfte.

Ich widme es seinem Angedenken. Ebenso widme ich es meiner Familie, im Besonderen jedoch meiner Mutter Zeruah Waithira, die meinen Mut in den dunkelsten Augenblicken meines Lebens mit den Worten aufrechterhielt:

„Sorge dich nicht, mein Sohn!"

Njuguna Githagui

1

Der Tag der Tragödie wird mir unauslöschlich im Gedächtnis bleiben. Es war ein kühler Juli-Morgen, die Sonne nun schon seit fast einer Woche nicht mehr zu sehen.* Ich setzte mich draußen ins Gras, obwohl es noch starr von der nächtlichen Kälte war, und beobachtete fasziniert, wie mein Vater versuchte, einen Haufen verbogener Nägel auf einem ausrangierten Schienenstück gerade zu hämmern, das er an der nahegelegenen Bahnlinie aufgelesen hatte. Er wollte sie wiederverwenden, um unseren alten Hühnerstall zu reparieren, der langsam auseinanderfiel. Ich war vier Jahre alt. Neben mir saß mein jüngerer Bruder Mungai, damals noch ein Baby, das immer einen Daumen im Mund haben musste.

Wie jedes kleine Kind spielte ich gerne. Als sich die Wolken für einen kurzen Moment teilten, um der Sonne ein Lächeln zu erlauben, hellte sich auch mein Gesicht auf, da ich einen möglichen Spielkameraden entdeckte: eines unserer vier jungen Kälber, das gerade unter dem aus Korb geflochtenen und auf Stelzen errichteten Getreidespeicher wiederkäute. Da ich dessen Gesellschaft nun verlockender fand, als dem Begradigen von alten Nägeln zuzusehen, stand ich auf und rannte mit flinken Beinen auf es zu. Auf dem Weg las ich für alle Fälle einen im Gras liegenden Stecken auf, denn das Kalb hatte es, so jung es war, durchaus schon gelernt, sich gegen die harmlosen Annäherungen eines kleinen Jungen zu wehren. Tiere wachsen ja so viel schneller als wir Men-

---

* In Kenia gehört der Juli zu den kältesten Monaten des Jahres, spürbar besonders im zentralen Hochland, in dem der Autor lebt.

schenkinder; mich hatte es sehr beeindruckt, wie rasch es so groß geworden war, dass ich mich davor hüten musste, es zu einem Ringkampf herauszufordern.

Unbeeindruckt von meinem Stock stand es auf und stierte mir direkt in die Augen. Ich war inzwischen schon weit unter dem Boden des Getreidespeichers, wobei ich mich etwas geduckt hielt, da er nicht hoch genug für meine Länge war. Wenige Fuß von dem Kalb entfernt blieb ich stehen und gestikulierte mit meiner Waffe, um es zu verscheuchen. Aber es hatte mich bereits abgeschätzt und offensichtlich gefolgert, dass ich nichts war, vor dem man sich fürchten musste. Plötzlich stürmte es mit aufgerichtetem Schwanz auf mich zu.

Voll Angst um mein Leben machte ich kehrt, um zu Papa zurückzurennen. Es sollte das letzte Mal sein, dass ich rennen konnte. Ich zog dabei den Kopf ein, um zu verhindern, dass ich mich an dem Boden über mir verletzte. Als ich dicht hinter mir ein entsetzliches Schnauben hörte, geriet ich jedoch so in Panik, dass ich den Kopf zu früh hob – um Augenblicke, die ich mein ganzes Leben lang bedauern sollte! Ich stieß heftig gegen den Speicherboden, lief nach einem gellenden Schmerzensschrei aber sofort weiter, getrieben von der Angst.

Mein Vater, der mich gehört hatte, ließ seinen Hammer fallen und eilte mir entgegen. Bevor er mich erreichte, schlug ich mir den Kopf noch mehrmals an, während ich verzweifelt versuchte, ins Freie zu kommen. Als es mir endlich gelang, den Ausgang zu erreichen, zog mich mein Vater in seine Arme, doch da war es schon zu spät …

„Große Jungen weinen nicht", redete er mir zu. „Verstehst du denn noch nicht, dass du ein Mann bist? Hör auf zu weinen und ruh dich hier aus!"

Er zog einen Sack heran, auf den er sich beim Arbeiten mitunter gesetzt hatte, legte mich darauf und strich mir mit seinen starken, rauen Händen sanft über den Kopf. Dann ging er, in der Annahme, dass ich schon wieder in Ordnung war, zu seiner Tätigkeit zurück.

„Ich habe dich viele Male davor gewarnt, mit diesem Kalb zu spielen, weil es gefährlich ist!", rief er in sein Hämmern hinein.

Statt ihm zuzuhören, starrte ich nur in den weißen, kalten Himmel, mit klopfendem Herzen und sehr schwindligem Kopf.

Meine Tränen waren versiegt. Schließlich glaubte ich sogar, mich besser zu fühlen, und versuchte mich aufzusetzen. Zu meiner Bestürzung konnte ich das jedoch nicht, selbst wenn ich versuchte, mich am Gras neben mir hochzuziehen. Von großem Schrecken erfasst, schrie ich erneut auf und weinte.

Da er dachte, dass ich nichts als albern und kindisch sei, sah mein Vater missbilligend zu mir herüber und rief ungehalten:

„Ich sagte dir doch, dass ich dich nicht wie ein Baby schreien hören will! Wer hieß dich, dem Kalb hinterherzulaufen? Heul noch einmal, und ich verpasse dir einen ordentlichen Hieb!"

Ich hatte keine andere Wahl, als ruhig zu sein und meine Tränen und Ängste zu unterdrücken. Was war mir nur passiert? Warum konnte ich nicht mehr aufstehen?

Es antworteten nur die lauten Hammerschläge. Ich beschloss, meinem Vater erst nach Beendigung seiner Arbeit zu sagen, dass ich nicht aufstehen konnte, da ich fürchtete, dass er sonst wirklich die Geduld mit meinem ‚Gehabe' verlieren und mir den angekündigten Schlag versetzen würde.

Nach einer ganzen Zeit, während der ich mich sehr verlassen gefühlt hatte, hörte ich meine Mutter aus dem Garten kommen. Vielleicht hat sie ja etwas Gutes zu essen mitgebracht, dachte ich hoffnungsvoll. Es war inzwischen schon Mittag geworden.

Unter einer Last auf ihrem Rücken gebeugt, sah sie zu mir herunter und erfasste gleich, dass etwas nicht in Ordnung war. Auf ihre besorgte Frage hin erklärte ich ihr, was los war.

„Er sagt, er könne nicht aufstehen", wandte sie sich an meinen Vater.

„Nicht aufstehen? Wer kann nicht aufstehen?"

Er kam heran und zog mich auf die Füße hoch. „Natürlich kann er stehen!", sagte er. Meine Beine waren aber wie abgestorben, und so musste er mich stützen, damit ich mit ins Haus kommen konnte. Bei seiner Hilfe bekam ich den Eindruck, dass meine Füße mit jedem Schritt kräftiger wurden, und als wir die Tür erreichten, glaubte ich sogar, dass sie so gut wie wieder in Ordnung seien.

Obwohl meine älteren Geschwister bald von der Schule kommen sollten, aßen wir drei, da wir sehr hungrig waren, schon unsere Portionen, nachdem meine Mutter sie für uns aufgewärmt hatte. Danach saß mein Vater auf seinem *murumbo* – einem besonderen Hocker für Ältere – und blickte nach draußen, wahrscheinlich mit dem Gedanken, dass es gleich Zeit für ihn sein würde, seine Arbeit wieder aufzunehmen. Ich wäre gern zum Spielen hinausgerannt, wie ich es immer nach dem Essen tat, doch ich blieb hilflos auf meinem kleinen Hocker kleben. Als ich mich hochzuziehen versuchte, war ich zu schwer für meine Arme.

Was geschah da bloß mit mir? Ich musste hilflos erleben, dass meine Beine den Gehorsam verweigerten! Was sollte mit mir werden? Ich unternahm weitere Anstrengungen, die ausgesehen haben müssen, als wände ich mich in einem merkwürdigen Unbehagen auf meinem Sitz.

Mein Vater, der etwas Ungewöhnliches an meinem Verhalten bemerkte, meinte: „Warum gehst du nicht raus und siehst dich ein wenig um?" Ich war froh über die Frage, denn als Kind durfte ich kaum etwas sagen, bevor ich angesprochen worden war. Nun hatte ich die Chance, die ich brauchte.

„Vater, ich kann nicht aufstehen", antwortete ich.

Meine Eltern tauschten Blicke aus, dann erhob sich mein Vater und kam zu mir herüber, um meine Beine zu untersuchen, indem er eines nach dem anderen beugte und streckte. Er konnte erkennen, dass ich nichts vortäuschte, sondern etwas Ernsthaftes vorliegen musste.

„Versuche aufzustehen!", sagte er.

„Ich kann nicht!"

Er reichte mir seine Hände, und indem ich sie packte, schaffte ich es, mich hinzustellen.

„Nun setz dich!"

Ich setzte mich hin.

„Steh wieder auf!"

„Es geht nicht!"

Meine Eltern standen hilflos da und fragten sich, was los sei und was sie bloß tun könnten.

2

Die Tage und Wochen vergingen nun, ohne dass sich mein Zustand veränderte. Die Leute redeten darüber und tauschten ihre Vorstellungen über mich aus. Einige meinten, dass ich verhext worden sei und zu einem Medizinmann gebracht werden sollte, damit der Fluch aufgehoben würde. Aber meine Mama hörte nicht auf sie, denn einige Monate zuvor hatte sie während einer großen Versammlung Jesus als ihren Erlöser angenommen. Sie glaubte, dass Hexerei ein Werk des Teufels sei, und wollte folglich nichts davon wissen. Als sie merkte, dass sich mein Zustand sogar noch verschlechterte, machte sie bei einem Arzt am nahegelegenen Kikuyu Hospital einen Termin aus. Man nahm mich bald danach dort auf. Nach Monaten, in denen ich eingehend untersucht und beobachtet worden war, entließ man mich. Keiner der Ärzte konnte sagen, was mir fehlte, keiner irgendetwas für mich tun. Meine Eltern und ich waren verzweifelt. Inzwischen war mein linkes Bein völlig steif geworden und so krumm, dass ich mit ihm nur noch auf den Zehenspitzen gehen konnte.

Als ich über alldem sechs Jahre alt wurde, musste ich zusehen, wie die anderen Jungen meines Jahrgangs in die Schule eintraten. Dies erfüllte mich mit großem Neid und Selbstmitleid, und meine Niedergeschlagenheit wuchs noch, als meine älteren Geschwister begannen, sich zu Hause öfters auf Englisch zu unterhalten. So werden bald auch meine Altersgefährten in meiner Gegenwart miteinander reden, ohne dass ich etwas verstehe, dachte ich bitter. Sie könnten sogar über mich lästern, ohne dass ich es mitbekäme!

Nach einem nochmaligen Gespräch mit den Ärzten brachte mich mein Vater erneut in das Krankenhaus. Die Station, in der ich auch während meines ersten Aufenthaltes gelegen hatte, konnte ich kaum wiedererkennen. Nicht nur die Kinder, mit denen ich dort gesprochen und gespielt hatte, waren längst nicht mehr dort, sondern auch der zuständige Arzt, ein Dr. Shaw, war neu für mich. Ich bereitete mich auf eine weitere lange Zeit der Einsamkeit vor, doch zumindest konnte ich Hoffnung haben, da ich wieder in ärztlichen Händen war.

Ich wurde in ein Bett mit sauberen Laken gelegt, und als Nachbarn hatte ich diesmal erwachsene Männer. Der eine sah so schwach aus, dass es den Eindruck machte, als könne er nicht mehr lange zu leben haben; der andere hatte ein gebrochenes Bein, das hochgehängt war. Beide weinten vor Schmerzen wie kleine Kinder. Der zu meiner Linken, der so aussah, als würde er bald sterben, begrüßte mich in einem ruhigeren Augenblick, indem er mir sein Bein entgegenstreckte, da seine Hand zu schwach und zittrig war, um sie mir herüberzureichen.

Aus unerfindlichen Gründen wurde für mich mehr als drei Wochen lang überhaupt nichts getan. Sie gingen an alle Betten der Station, an meinem jedoch vorbei, als wenn ich gar nicht krank gewesen sei. Ich fragte mich, worauf sie warteten. Der bärtige Dr. Shaw beherrschte die Kikuyu-Sprache, da er seit vielen Jahren als Missionsarzt an dem Krankenhaus arbeitete. Im Vorbeigehen nickte er mir stets lächelnd zu und begrüßte mich mit *wimwega*[*] beugte sich jedoch gleich danach über den Patienten im nächsten Bett.

---

[*] Kikuyu: Hallo, wie geht's?

Eines Donnerstagmorgens aber konnte ich Hoffnung schöpfen: Dr. Shaw blieb bei mir stehen, erkundigte sich, wie ich mich fühlte, und zog die Decken von mir weg. Ich war glücklich, endlich diese Aufmerksamkeit zu erhalten! Eine afrikanische Krankenschwester, die er bei sich hatte, zog mich auf sein Geheiß ganz aus. Nach einer allgemeinen Untersuchung, auch mit einem Stethoskop, zog er einen kleinen Hammer hervor, klopfte damit meine Knie, Knöchel, Schultern und Ellbogen ab und notierte die Ergebnisse auf einem Blatt Papier. Dann wandte er sich vorübergehend einer Frau zu, die an einem Nachbarbett auf ihren kleinen Sohn hinuntersah, der überall Verbrennungen hatte.* Nach einem kurzen, ernsten Gespräch mit ihr untersuchte er noch meinen Rücken, wobei er mich tief ein- und ausatmen ließ.

Nachdem er gegangen war, fragte ich mich beunruhigt, wonach er gesucht haben mochte. Da er mir überhaupt nichts mitgeteilt hatte, reichte es mir jetzt wirklich mit diesem Krankenhaus! Als am Abend jenes Tages meine Schwester kam, erzählte ich ihr das und sagte, dass ich mit ihr nach Hause gehen wolle. Sie hieß mich, geduldig zu sein, obgleich auch sie wusste, dass ich sehr vernachlässigt worden war. Ich war einzig froh über den Tee und die Bananen, die sie mir mitgebracht hatte, denn das Essen in dem Krankenhaus war sehr schlecht – meist eine Mischung aus hartem Mais und Bohnen, die voll von Käfern war.

Bevor meine Schwester den Heimweg antrat, teilte ihr die Krankenschwester mit, dass Dr. Shaw meinen Vater am nächs-

---

* Im ländlichen Kenia erleiden noch immer Kinder starke Verbrennungen, weil sie nachts nahe einer ungeschützten Feuerstelle der elterlichen Hütte schlafen.

ten Morgen sprechen müsse. Was mag er ihm sagen wollen?, fragte ich mich beunruhigt. Mit mir musste wirklich etwas ganz und gar nicht stimmen! Würde ich am Ende sterben? Oder war vielleicht doch die Ursache meiner Krankheit herausgefunden worden? Bei diesen verwirrenden Gedanken tat ich die ganze Nacht kein Auge zu, und immer wieder weinte ich Tränen der Verzweiflung. Erst kurz vor der Frühstückszeit gelang es mir, ruhiger zu werden. Ich sah mir den Mann an, der den Porridge brachte: Sein einst weißer Kittel war schäbig, teilweise zerfetzt und mit Fettflecken bedeckt, wo er in der Küche seine Hände abgewischt hatte. Er sah aus wie jemand, der nie Seife und Handtuch ansah und große Angst vor Wasser hatte. Obwohl ich in Einfachheit aufgezogen worden war, war mir wie auch anderen afrikanischen Kindern meiner Zeit beigebracht worden, mich sauber zu halten. Es war mir entsetzlich, die niedrigen Maßstäbe dieses Krankenhauses zu sehen, auf dem meine Hoffnung auf Genesung ruhte. Widerwillig trank ich die unappetitliche Suppe, aus Furcht, es würde meinem Vater weitergesagt, wenn ich mich weigerte.

Bei seiner Runde zum Einsammeln der Porridgeschüsseln sah der schmutzige Wärter, dass das Frühstück des Mannes zu meiner Linken noch unangerührt war. Er beugte sich über ihn und stupste ihn an, um ihn zu wecken. Vergeblich; der Mann war in der Nacht gestorben.

Sein Tod bewegte mich zutiefst. Es war der erste, den ich miterlebte, und plötzlich erschien es mir als sicher, dass ich der Nächste sein würde. Warum sonst hätten sie meinen Vater zu sich gerufen?, sagte ich mir. Bestimmt ist meine Stunde nahe!

Diese Gedanken beherrschten mich noch immer, als mein Vater die Station betrat. Er reichte mir eine klamme Hand, und auf seinem schwarzen Mantel glänzten Regentropfen, da es draußen nieselte. Als er die Reiseflasche öffnete, um Tee für mich einzugießen, konnte ich sehen, dass er ihn mehr brauchte als ich. In seinem Gesicht spiegelten sich seine ganzen Ängste und Sorgen um mich; ohne Zweifel fragte er sich ebenfalls sehr beunruhigt, was der Arzt ihm wohl mitzuteilen habe. Nach seinen üblichen Erkundigungen, wie ich mich fühlte und welche Behandlung ich erhalten habe, tat er einen tiefen Seufzer und ging hinaus zu dem Büro des Arztes, das zwischen meiner und der Wochenstation lag. Durch das Türfenster konnte ich sehen, wie er, während er noch warten musste, mit Kennermiene die schönen weißen und rosa Rosen und Nelken betrachtete, die den Pfad draußen säumten und dem sonst tristen – wie überfüllten – Krankenhaus ein wenig Farbe verliehen.

Die etwa halbe Stunde, die er im Büro des Arztes verbrachte, kam mir endlos vor. Ich wartete mit großem Bangen, noch immer in Angst vor dem Tod. Mir war fast, als schwebe der über mir und zeige mit dem Finger auf mich, um mir zu bedeuten, dass ich der Nächste sei. Die Tränen der vergangenen Nacht kamen so stark zurück, dass ich damit die Laken durchnässte.

Als mein Vater wiederkam, brachte er mir jedoch nicht die Botschaft, dass ich im Sterben liege: Die Ärzte hatten ihm gesagt, dass ich nach Nairobi verlegt werden müsse, um von Spezialisten behandelt werden zu können. Die dunkle Wolke löste sich für mich auf, und mich freute sogar die Aussicht, in die große Stadt zu kommen. Ich hatte bisher nur von ihr gehört; nun würde ich sie mit meinen eigenen Augen sehen! Mir wurden gleich mein Hemd, meine Weste und meine Shorts zum Anziehen gebracht, und froh verließ ich dieses Krankenhaus.

Auf dem Weg zu dem eine Viertelmeile entfernten Kikuyu-Bahnhof hinkte ich neben meinem Vater her und wurde dabei schon nach kurzer Zeit so müde, dass er mich für den Rest des Weges tragen musste.

„So, hier warten wir nun auf einen Bus", sagte er, als wir vor dem Bahnhof angekommen waren, und setzte mich ab.

Ich bemerkte, dass viele Leute auf mein krummes Bein starrten, am meisten die kleinen Jungen. Es hatte sich während des Krankenhausaufenthaltes dahingehend verschlimmert, dass das Knie nun auch sehr stark vortrat. Ich versuchte es zu verstecken, indem ich das rechte Bein davorsetzte, doch auch so war es immer noch für jeden zu sehen. Unter den neugierigen und mitleidigen Blicken kam ich mir wie nackt vor. Nachdem wir lange vergeblich gewartet hatten (es gab damals erst wenige Busse), brachte mein Vater mich zu einem nahen, einem Inder gehörenden Laden und kaufte mir eine Limonade. Rings um das Gebäude und entlang der Auffahrt waren, wie vor dem soeben verlassenen Krankenhaus, schöne Blumen gepflanzt. Viel mehr jedoch bewunderte ich die so flotten und gut ausstaffierten indischen Kinder und beneidete sie bei ihren freien und unbeschwerten Spielen.

Als wir zurückkamen, fuhr endlich ein Bus vor, mit sechs Fahrgästen besetzt. Ich fühlte mich gut an Bord dieses meiner Erinnerung nach ersten Busses in meinem Leben. Während der Fahrt machte mich mein Vater auf viele Dinge und Plätze aufmerksam, die ihm interessant für mich erschienen.

Zu Hause in Muthiga fand ich alle Geschwister vor, weil gerade Schulferien waren. Sie hatten schon ungeduldig darauf gewartet, mich wiederzusehen und zu erfahren, wie es mit mir stand. Von meiner Mutter war ich bereits am Wegrand willkommen geheißen worden, von wo sie mit meinem kleinen Bruder an der Hand Ausschau gehalten hatte.

Ich saß im Gras und fühlte mich sehr beschämt und verlegen, während mein Vater die Fragen beantwortete, mit denen die anderen auf ihn eindrangen. Auch hier versuchte ich, mein linkes Knie zu verstecken, zumal meine Geschwister einzeln vortraten, um mich genauer anzusehen. Als ich über alledem hungrig wurde, sah ich mit Sehnsucht zu den Mangobäumen hoch, die voll von reifen Früchten waren, und hasste mich dafür, dass ich nicht einfach hingehen und auf einen davon klettern konnte, um mir welche zu holen.

Warum habe ich mich bloß ins Gras gesetzt?, durchfuhr es mich in einer plötzlichen Angst, mir würde niemand beim Aufstehen helfen. Ich fühlte mich unglücklich und einsam, wie ein aus der Familie Ausgestoßener.

Nachdem sie sich bei meinem Vater nach allem erkundigt hatte, kam meine Mutter den Tränen nahe zu mir herüber und fragte mich nach meinem Befinden. Ihre Liebe zu mir, die auch in dieser Tragödie hindurchleuchtete, ließ mich ebenfalls fast weinen. In diesem Augenblick war mir deutlich, wie sehr ich meine Mama brauchte, ja, dass nur sie mir helfen konnte, mich irgendwie wie die anderen zu fühlen. Als sie mir behutsam aufhalf, konnte ich die Tränen nicht mehr unterdrücken.

An das Familienleben gewöhnte ich mich bald wieder, und in meinem engsten Kreis fühlte ich mich ganz zu Hause. Wenn jedoch jemand Fremdes zu uns kam und mich mitleidig ansah, wurde ich jämmerlich befangen.

Bald begann ich, mich meinen drei größeren Brüdern anzuschließen, wenn sie das Vieh zum Grasen führten. Mit ihnen fühlte ich mich wohl, während die oft groben und rücksichtslosen Jungen aus der Nachbarschaft ein wirkliches Problem für mich bedeuteten. Waren welche von ihnen dabei, fühlte ich mich allzu minderwertig, weil ich nicht wie selbst schon die Kleineren Bäume erklettern und steile Hügel hinunterlaufen konnte. Bei ausgelassenen Spielen hatte ich keine andere Wahl, als mich abzusondern und an einen Abhang zu setzen, der mir die Möglichkeit bot, auch allein wieder aufzustehen.

Wie sehr fühlte ich mich von den anderen getrennt, wenn ich ihnen von dort aus zusehen musste! Ich beschäftigte mich dann möglichst mit etwas, womit ich mich alleine vergnügen konnte, am häufigsten mit dem Anfertigen von Schlingen, mit denen wir Insekten fingen. Wenn die anderen aus meinem Blickfeld verschwanden und ich dadurch völlig allein war, beobachtete ich manchmal an den Abhang gelehnt die Vögel und wünschte mir ernsthaft, einer von ihnen zu sein, weil sie so viel glücklicher als ich zu sein schienen. Sah ich eine ganze Gruppe von ihnen versammelt, fragte ich mich angesichts ihres unaufhörlichen Gezwitschers, wegen welch wichtiger Dinge sie alle wohl so aufgeregt sein mochten. Wie menschlich waren sie doch: ständig streitend, lachend oder planend! Mir kamen aber auch die Geschichten in Erinnerung, die meine Großmutter darüber erzählt hatte, wie die bösen Geister manchmal Vögel benutzten, um Unheil zu einem Feind zu tragen. War am Ende ein Vogel eingesetzt worden, um mich an jenem schicksalhaften Morgen zu verletzen, als ich unschuldig versucht hatte, mit dem Kalb zu spielen?, ging es mir durch den Kopf. Jedoch mehr als über die Vergangenheit machte ich mir Gedanken um die Zukunft, die Behandlung in Nairobi. Würde mein Knie wohl geheilt werden und ich wieder normal laufen können?

Zugleich versuchte ich mich mit Worten zu trösten, die ich in der Sonntagsschule gehört hatte – wiederum über die Vögel: Dass sie nicht pflanzen oder anbauen und doch genug zu essen haben. Sorge dich nicht um das, was der morgige Tag bringen könnte!, mahnte ich mich. Trotzdem nagten Sorgen an mir, denn bisher hatte sich nichts zum Besseren gewendet.

Es sollte sogar schlimmer kommen.

3

Eines Morgens erwachte ich früh nach nur kurzem Schlaf, da ich in der Nacht unter starken Schmerzen auf dem Rücken gelitten hatte. Ich erwähnte sie meinem Vater gegenüber, als er noch einmal in unser Schlafzimmer hereinschaute, bevor er zur Arbeit ging.

Bei einem Blick auf meinen Rücken bemerkte er sechs Geschwüre. Anfangs hatte ich mir bei diesen nichts gedacht, doch in letzter Zeit hatten sie mich zunehmend beunruhigt, weil sie immer größer geworden waren. Mein Vater brachte mich in die Sonne hinaus, um mich besser untersuchen zu können, und zog bald sorgenvoll die Stirn in Falten.

„Ich muss mir morgen freinehmen, um dich nach Nairobi zu bringen, was ja sowieso schon geplant ist", sagte er.

Meine Mutter, die uns aus einiger Entfernung beobachtet hatte, kam nun herüber und sagte gequält: „Was ist meinem Sohn denn jetzt schon wieder passiert? Ist er am Ende doch verhext? Ach nein, natürlich nicht! Sorge dich nicht, mein Sohn, Gott ist groß und wird dir helfen, und unser Herr Jesus wird Satan mit seiner bösen Macht besiegen!" Sie konnte nur mühsam die Tränen zurückhalten.

Am folgenden Tag entschuldigte sich Papa auf der Arbeit und brachte mich wie versprochen in das andere Krankenhaus. Zum ersten Mal sah ich Nairobi mit seiner riesigen Menge geschäftiger Menschen und all den vielen Autos. Um die gespannte politische Atmosphäre zu spüren, war ich noch zu jung. Es ging auf die Mitte der Fünfzigerjahre zu, der Mau-Mau-Aufstand trieb seinem Höhepunkt entgegen. Aufgrund verschärfter Gesetze musste mein Vater langwierige Passformalitäten über sich ergehen lassen, um mich in die Stadt zu bekommen, und verspätete sich dadurch. All das fiel mir jedoch kaum auf; ich genoss nur den Anblick der hohen Gebäude und des die Straßen überflutenden Verkehrs.

Doch meine Behinderung verfolgte mich, als ich versuchte, mit meinem Vater Schritt zu halten. Er bemerkte meine Schwierigkeit natürlich und nahm mich auf seinen Rücken, was viel Neugier erweckte, weil ich dafür ein schon zu großer Junge war. Um meine Scham zu verbergen, tat ich so, als würde ich schlafen.

Nun war ich also wieder in einem Krankenhaus, diesmal jedoch in dem viel größeren und besseren King George VI Hospital, dem heutigen Kenyatta National Hospital.

In dem Saal mit etwa zwanzig Betten, in den ich gelegt wurde, gab es mir etwas Trost, dass ich nicht der hoffnungsloseste Fall war.

Es war ein sehr grausamer Krieg im Gange, da unsere Leute verzweifelt für die Unabhängigkeit kämpften, und hier konnte man nur zu gut dessen Unmenschlichkeit sehen. Ich war durch einen Unfall verkrüppelt, den vielleicht niemand hätte verhindern können, einige der Menschen hier dagegen hatten in Akten willkürlicher Schlächterei Hände oder Beine abgehackt bekommen, andere schwere Wunden durch Kugeln erhalten. Es war viel Seufzen und Stöhnen zu hören; oftmals waren es Opfer, die ihre letzten Augenblicke durchmachten. Nachdem mich mein Vater verlassen hatte, fühlte ich mich sehr verloren und elend, so umgeben von schwerem Leiden. An diesem von Tod erfüllten Ort wurde mir aber auch bewusst, dass das Schicksal anderen gegenüber viel grausamer gewesen war und ich immerhin die Hoffnung auf Leben behalten konnte. Und ich war dankbar, dass Papa vor seinem Aufbruch dem Stationsvorsteher ein wenig Geld für den Fall gegeben hatte, dass etwas für mich gebraucht würde.

Es vergingen drei Tage, ohne dass jemand zu mir kam. Am vierten Tag, einem Montag, stockte mir der Atem, da gleich sechs weiße Ärzte, begleitet von sechs weißen Schwestern, in die Station traten, wie eine Armee von Heilern. Der Tag war gekommen! Ich war mir sicher, dass diese Ärzte mich heilen würden. Von nun an, dachte ich, wird mich nie wieder jemand neugierig anstarren!

Ein älterer Herr mit grauem Haar ging ihnen voran und lächelte dabei den Patienten zu. Einmal blieb er stehen, um mit jemandem zu sprechen, der offenbar Englisch verstand. Als sie alle bei mir anhielten, schlug mein Herz nur so, denn ich fühlte meine Rettung gekommen. Sie untersuchten jede Stelle an mir und tauschten sich darüber in ihrer Sprache aus. Danach überließen sie mich einem jungen Mann mit stark behaarten Armen und einer dick umrandeten Brille, der mich offenbar auf Kisuaheli befragen sollte, das ich aber auch nicht verstand. Er bewegte darauf nochmals die Gelenke meiner Arme und Beine und prüfte die Geschwüre auf meinem Rücken, bevor er sich nach einem kurzen Zulächeln neben mich setzte und auf die anderen wartete. Während er dies tat, schien er ziemlich nachzudenken: Er nahm seine Brille ab, kaute auf ihren Bügeln herum, setzte sie wieder auf, starrte mit zusammengepressten Lippen auf mich, putzte die Brille.

Als die anderen wieder mein Bett umstanden, machten sie einen ratlosen Eindruck. Einige kauten an ihren Bleistiften,

andere beugten und streckten noch einmal meine Gliedmaßen. Schließlich schüttelte der Ältere den Kopf, wie wenn er
sagen wollte, dass mein Fall hoffnungslos sei. Er schrieb nur
noch etwas auf, bevor sie alle hinausgingen und mich mit absolut gesunkenem Mut und innerlich leer zurückließen. Dieses beunruhigende Kopfschütteln konnte doch nur bedeutet
haben, dass sie entweder etwas sehr Schlimmes herausgefunden hatten oder keiner der sechs Ärzte wusste, was mit mir
los war!

Ich blieb mehr als ein Jahr im King George VI Hospital und
wurde dort, wenn meist auch in nur großen Abständen, weiteren gründlichen Untersuchungen unterzogen. Meine Geschwüre wie auch die Gelenke taten mir so weh, dass ich
durchgehend Schmerzmittel brauchte, um schlafen zu können. Das Krankenhaus war vergleichsweise gut organisiert,
aber man fühlte sich vernachlässigt, weil es zu beschäftigt
war. Leider waren auch die sanitären Einrichtungen so man-
gelhaft und das Essen so schlecht, dass ich chronisches Sod-
brennen bekam und mich oft erbrechen musste. Anders als
das Kikuyu Hospital, zu dem man von zu Hause aus auch zu
Fuß gehen konnte, lag dieses sehr abgelegen. Durch die Not-
standsregelungen konnte mein Vater nur zu mir kommen,
wenn er von unserem Distrikt-Kommissar einen Pass dafür
erhielt oder ein Weißer ihn begleitete, wie dies sein Arbeits-
chef gelegentlich tat. Seine Besuche waren somit sehr eingeschränkt und ich hatte in meinen schlimmsten Augenblicken
niemanden, dem ich mich anvertrauen konnte. Es war sicherlich eines der ärgsten Jahre meines Lebens.

Die Ärzte gaben am Ende auf und entließen mich. Ich musste jedoch noch dort bleiben, um zu warten, bis mein Vater kommen und mich mitnehmen konnte. Er kam an einem Montagmorgen und war wohl nicht überrascht, dass ich ohne Heilung nach Hause geschickt wurde, denn er hatte ja gesehen, dass sie bei mir überhaupt nicht weitergekommen waren.

Ich war glücklich, dass ich das Krankenhaus verlassen und wieder in einen Bus steigen konnte, glücklich über die Aussicht, nach einem Jahr der Trennung und Einsamkeit die übrige Familie wiederzusehen – zugleich aber auch unsagbar traurig, weil es wohl nur noch wenig Hoffnung für mich gab, nachdem selbst die Ärzte im größten Krankenhaus des Landes nichts erreicht hatten. Mein Zustand war bei meiner Rückkehr sogar schlechter als zu der Zeit, da ich mein Zuhause verlassen hatte.

Während meiner Abwesenheit hatte mein Vater begonnen, ein neues, besseres Haus zu bauen; inzwischen war es schon fast fertiggestellt. Nach dem Empfang, der wie erwartet verlief – freudige Aufregung, vermischt mit Neugier und Mitleid – nahm mich mein kleiner Bruder gleich zu einer Besichtigung mit. Während wir nebeneinander hergingen, sah er mich immer wieder seltsam an – zweifellos fragte er sich, wozu ich bloß so lange im Krankenhaus gewesen sein mochte. In diesem einen Jahr war Mungai ordentlich gewachsen, und ich merkte, dass er voll Energie war. Zum Beispiel kletterte er unterwegs wie ein flinker Affe auf einen Obstbaum, um mich mal eben mit ein paar Früchten zu versorgen. Als wir das neue Haus erreichten, welches in unserer Gegend bis dahin eines der wenigen aus Stein gebauten war, sprang er über zwei Treppenstufen auf einmal hinauf und schien von mir das Gleiche zu erwarten. Es zeigte sich aber, dass ich mein Bein schon nicht auf die erste Stufe heben konnte. In meiner Verlegenheit tat ich so, als wenn mir nichts daran läge, das Haus von innen zu sehen, doch Mungai nahm mich einfach bei der Hand und zog mich hinauf. Ich war von seiner Kraft überrascht und hätte, da er viel jünger als ich war, am liebsten über meine unterentwickelte Größe und meine Schwäche geweint. Mein Bruder führte mich aufgeregt von einem Zimmer zum anderen, aber für mich war alles von Selbstmitleid überschattet, da ich mich die ganze Zeit nur mit ihm verglich.

„Papa sagte, dass wir Jungen in diesem Zimmer schlafen werden!", tat er begeistert kund.

Ich sah mich in dem Raum um, doch inzwischen hatte sich mein Magen so verkrampft, dass dem selbst die Aussicht auf ein gepflegtes Zimmer in einem neuen Steinhaus nicht abhelfen konnte.

Mungai schaute mich besorgt an. „Fehlt dir etwas?"

„Mir fehlt nichts", behauptete ich, „aber ich möchte nach Hause gehen."

Sein Gesicht verfinsterte sich, weil er begriff, dass es keinen Zweck mit mir hatte. Als wir wieder an der Außentreppe waren, kam ich nicht weiter, weil ich mit meinem Bein auch nicht abwärts steigen konnte. Erneut wollte ich meine schändliche Situation irgendwie überspielen, aber Mungai, der nicht dachte, dass es jemandem unmöglich sein könnte, eine einfache Treppe hinunterzugelangen, hüpfte bereits davon. Aus Angst, er habe mich alleingelassen, damit ich von *marimu* – den Menschenfressern – verschlungen werden konnte, vollführte ich einen verzweifelten Sprung und landete auf der

Nase. Meine Knie und mein Gesicht bekamen durch den noch nicht beseitigten Schotter so viel ab, dass ich vor Schmerzen aufschrie. Da wandte sich Mungai um und rannte zu mir hin.

„Verschwende keine Zeit mit Weinen, es wird spät!", drängte er und zog mich hoch. Wir gingen schweigend heim, da mir noch immer die Tränen hinunterliefen und er nicht wusste, was er sagen sollte. Ich versuchte, mir meiner Mutter gegenüber nichts anmerken zu lassen, doch ihrer Miene war anzusehen, dass sie nicht nur meiner Schrammen wegen Bescheid wusste.

4

Während all der Zeit war unser Dorf, Muthiga, recht friedlich gewesen, verschont geblieben von der Brutalität, die damals in den meisten Gebieten der Zentral-Provinz herrschte. In jenem Jahr jedoch, 1954, trug jemand den Behörden zu, dass es Freiheitskämpfern Unterschlupf gewähre – beziehungsweise Gangstern, wie sie seinerzeit genannt wurden. Man sagte uns, wir würden geschlagen und gefoltert werden, wenn wir deren Verstecke nicht freiwillig preisgäben und zeigten. In der ganzen Gegend breitete sich Angst aus. Mama trug meinen älteren Geschwistern auf, genügend Nahrungsvorräte für zwei Wochen zusammenzutragen, weil wir möglicherweise fortlaufen und uns im Busch verstecken müssten.

Meine Beeinträchtigung wurde mir sehr schmerzlich bewusst, als ich sie dann aber unter Tränen klagen hörte: „Wo kann ich nur mein krankes Kind hinbringen? Ich werde nicht mit fortlaufen – lasst sie mich hier bei ihm finden!"

Schon am selben Abend hörten wir Schreie. Uns umschauend, sahen wir im Osten den Himmel sich rot färben: Die Streitkräfte der Regierung hatten begonnen, Hütten niederzubrennen! Sie waren nur etwa eine Meile entfernt und würden so ohne Zweifel sehr bald auch zu uns kommen. Vor Schrecken wie gelähmt, schienen sich die anderen nicht den kleinsten Gedanken darüber zu machen, wie ich mich in dem Wissen fühlte, nicht wegrennen zu können, wenn wir plötzlich dazu gezwungen sein würden. Ich war voller Angst.

Jedoch in der Frühe des nächsten Morgens, für den die Leute aus meiner unmittelbaren Umgebung geplant hatten, ihre Häuser zu räumen und sich zu verstecken, kam aus dem starken Lautsprecher des Häuptlings die weit hörbare Bekanntgabe:

„Alle, die vorhaben, in den Busch zu laufen, können sich beruhigen. Der Einsatz ist aufgeschoben worden!"

Wir erkannten, dass es die Stimme unseres Pfarrers war, über den wir später erfuhren, dass er sich bei der Behörde dafür eingesetzt hatte, unser Dorf zu begnadigen. Die Krise war abgewendet und ich erleichtert wie kaum je zuvor. In unserer ganzen Umgebung ließ die Gewalt nach: weniger Schlägereien, weniger Brände, weniger Reden von verstümmelten Körpern. Die zuvor geschlossenen Schulen machten wieder auf.

Eines Sonntagmorgens beschloss eine meiner Schwestern, mich zusammen mit meinem kleinen Bruder in die Sonntagsschule mitzunehmen. Auf dem Weg dorthin machte es mich, wie gewöhnlich, unsicher und beklommen, der traurige Mittelpunkt des Interesses zu sein: Wieder starrten mich alle an.

Viele der Kinder taten so, als seien sie nur damit beschäftigt, die Autos auf der Straße zu zählen und deren weißen Insassen zuzuwinken (nur sehr wenige Afrikaner hatten damals einen Wagen), aber mir war allzu klar, dass in Wirklichkeit mein krummes Bein und mein eigentümlicher Gang die Hauptattraktion waren. Einige der Kinder machten sich über meine Art zu gehen lustig, täuschten aber vor, über etwas anderes zu lachen, indem sie dabei wegsahen. Ich war so unglücklich. In der Kirche saßen wir auf wackeligen Bänken mit Rissen, die einem ins Gesäß zwickten, wenn man nicht aufpasste. Als das Lied *Akai iguru ria ihiga* (Baue auf dem

Fundament) gesungen wurde, machte es mich ganz verlegen, nicht mithalten zu können, weil ich, statt zur Schule zu gehen, meine Zeit eher in Krankenhäusern verbracht hatte. Ich beneidete die kleinen Jungen, die genauso mühelos aus ihren Gesangbüchern sangen wie sie rennen, hüpfen und springen konnten. Als sich meine Schwester nach der Kirche noch mit ihren Freundinnen unterhielt, stand ich ganz benommen daneben. Sie erwarteten von mir, dass ich mich beteiligte, aber ich konnte nicht ein Wort herausbringen.

Während wir auf dem Heimweg, die Kinder alle in fröhlicher Stimmung, gerade ein kleines Einkaufszentrum passierten, kam aus den nahegelegenen Büschen plötzlich Geschützfeuer. Die nächsten dreißig Sekunden hielt die Welt ringsumher den Atem an. Die Autos bremsten schleudernd ab, und es war, als habe sogar der Wind aufgehört zu blasen. Nur die am Straßenrand grasenden Kühe durchbrachen die Regel, indem sie umgehend ihre Schwänze hochstellten und davonstoben. Dann gaben auch die Kinder Fersengeld, wobei mich meine Schwester völlig vergaß und mit den anderen wegrannte. Als ich versuchte, ihnen nachzulaufen, rutschte ich mit meinem gesunden Fuß aus und fiel in eine Grube. Einmal unten, konnte ich nicht wieder aufstehen, sondern nur noch weinen, während in meiner Nähe weiterhin Schüsse ertönten. Da inzwischen auch die Autos die Szene verlassen hatten, war ich jämmerlich allein dem Geschehen ausgesetzt. Erst nach längerer Zeit, als wieder Ruhe herrschte, kam meine Schwester zurück, begleitet von einer ihrer Freundinnen. Sie fanden mich dort, wo ich hingefallen war, hoben mich auf und trösteten mich; dann machten wir uns zusammen auf den Heimweg und sprachen dabei über den Vorfall.

Später war zu hören, dass ein Mann erschossen worden war, weil er den Mau Mau Unterschlupf gewährt hatte.

Wieder wurde unsere Gegend von Angst regiert. Die Leute sprachen im Flüsterton, da sie nicht wussten, wem sie noch trauen konnten. Einige waren für die Mau Mau, andere auf der Seite der Regierung; über uns allen lag ein dunkler Schleier von Heimlichtuerei und Ungewissheit. Selbst für ein normales Kind waren dies entsetzliche Zeiten. Es verging kaum eine Nacht, in der wir nicht unter die Betten abtauchten und dort mit rasend klopfenden Herzen lagen, weil Häuser in Brand gesteckt, Leute hinausgeschleift und erschossen wurden, die Nachbarschaft heulte und schrie.

Die Mau Mau entschieden, ihre Stärke zu demonstrieren, indem sie unseren Wachtposten niederbrannten. Sie kamen an einem Montag aus ihrem Lager im Busch, umzingelten ihn, pumpten ihn mit Blei voll und zündeten ihn an. Das gesamte Wachpersonal wurde in jener Nacht niedergemacht, und wir hörten, dass es, zur Unkenntlichkeit verbrannt, wie schmierige Kohleklumpen aussah. Es soll ein grausiger Anblick gewesen sein. Ich fragte meine Mutter, ob ich auch hingehen und einen Blick auf den verbrannten Posten werfen dürfe.

„Nein, nein, das kannst du nicht! Lass die mit den gesunden Beinen gehen – dort könnte immer noch etwas passieren, das zum Wegrennen zwingt. Sowieso, welchen Nutzen hätte hätte es denn schon, sich tote Körper anzusehen?"

Kann ja sein, dass es keinen hat. Trotzdem fühlte ich mich benachteiligt, da ich davon ausgeschlossen war, eine natürliche Neugierde auch da zu befriedigen, wo sie sich auf etwas Schreckliches und Hässliches richtete.

5

Eines Montags kehrte ich in das King George VI Hospital zurück. Mein Vater hatte einen Brief bekommen, in dem mitgeteilt wurde, dass sie mich dort nochmals ansehen wollten – was uns hoffen ließ, dass es doch noch eine Heilung geben würde. Ich war froh, von neugierigen Cousins und Nachbarn wegzukommen, die mich manchmal auf herzlose Weise hänselten, weil sie mich sonderbar fanden. Doch mein Bruder Mungai, mit dem ich sehr gut auskam, würde mir sehr fehlen, denn trotz seiner jungen Jahre war er mir gegenüber am verständnisvollsten und hilfsbereitesten. Ich würde auch die Zeiten vermissen, in denen wir mit unseren drei älteren Brüdern Njaga, Ndungu und Waweru auf das Vieh aufpassten. Obwohl ich nur begrenzt daran teilnehmen konnte, hatte ich das Jagen von Kaninchen, die Suche nach Gummi an den Bäumen und das Herstellen von Schemeln aus Holzblöcken genossen. All dies war schön gewesen, doch nun richteten sich meine Gedanken und Hoffnungen nur auf das Krankenhaus, denn vor einer Heilung konnte ich mein Leben niemals voll als Mensch genießen.

Diesmal wurde ich in einem anderen Krankensaal untergebracht, in Nummer sechs, Bett zwölf. Es stand an einem Fenster, das den Blick auf einen freundlichen Blumengarten bot, an den ein Parkplatz grenzte. Der Mann in Bett elf litt an einer Krankheit, die seine Hände und sein Gesicht hatte anschwellen und schwarz werden lassen. Mittlerweile hatte ich so viel Kisuaheli gelernt, dass wir kleine Unterhaltungen über unsere Familien führen konnten. Aber er blieb nicht lange mein Nachbar, weil er bald entlassen wurde.

Die Ärzte und das Pflegepersonal kümmerten sich zunächst nur um meinen Rücken, dann wurde beschlossen, mich zu operieren, um herauszufinden, ob mir das helfen würde. Der Gedanke daran machte mir Angst, doch ich hatte kaum eine andere Wahl.

In den Augenblicken der Traurigkeit und der Furcht rief ich mir von meiner Mutter gesungene Kirchenlieder ins Gedächtnis, die besagten, dass wir bei unseren weltlichen Sorgen auf Gott vertrauen sollten.

Während des Wartens auf die Operation schnappte ich auch Wörter aus verschiedenen Stammessprachen auf, damit ich ein wenig mit Patienten aus anderen ethnischen Gruppen sprechen konnte. Trotzdem erlebte ich wieder eine einsame Zeit.

Am Tage des Eingriffs kam mein Vater und wünschte mir Glück dafür. Gegen Abend wurde ich in den Operationssaal gebracht, wo mir der Anblick all der dort vorhandenen Ärzte, medizinischen Helfer und auf mich gerichteten Lampen große Furcht einflößte. Die war durch die Narkose aber schnell vorbei.

Als ich am darauffolgenden Abend erwachte, fand ich meinen Vater und meine Mutter neben meinem Bett sitzend vor. Ich weiß nicht mehr, was sie sagten oder taten, denn ich kippte schon sehr bald wieder weg. Die Nacht darauf war voll schrecklicher Träume und Ängste; am liebsten hätte ich in die Dunkelheit geschrien, dass jemand Mitfühlendes zu mir kommen möge.

Am nächsten Morgen war ich noch immer dösig und verwirrt. Durch das leicht geöffnete Fenster strömte kalte Luft. Als ich langsam den Kopf wandte, bemerkte ich, dass in dem Bett neben mir ein neuer Patient lag: ein alter Mann mit einem runzligen Gesicht. Kaum hatten wir uns angeschaut, reichte er mir seine knotige Hand zur Begrüßung und fing damit an, weitschweifige Geschichten zu erzählen. Da ich diesen noch gar nicht folgen konnte, war ich froh, als der Porridge kam und damit sein Mund besser beschäftigt war. An meinen Teller kam ich nicht heran, weil ich meine Hände nicht ausstrecken konnte; deshalb tat ich so, als schliefe ich wieder ein.

Nachdem etwas später die Betten gemacht worden waren, sahen sich die Ärzte nur meinen Rücken an und fragten noch, ob ich gut geschlafen habe. Dann gingen sie weiter, um sich den übrigen Patienten ebenso kurz zu widmen.

„Weißt du", sagte der alte Mann, „Gott ist der Heiler. Ohne seine Macht zu heilen würden wir nur sterben." Er erzählte mir von dem Tag seiner Bekehrung und sprach davon, wie wichtig es für mich kleinen Jungen sei, mit Gott vertraut zu werden, besonders angesichts meiner jetzigen Schwierigkeiten. Wenn man bete, könne man völlig geheilt aus dem Krankenhaus gehen. Als er mich dann nach meinem und meines Vaters Namen fragte, stellte sich heraus, dass die beiden sich nicht nur kannten, sondern sogar gute Freunde waren.

Ich beobachtete eine Spinne, wie sie ihr Netz webte, und dachte an die Worte des alten Mannes über die Wirkung von Gebeten. Stimmte die wirklich? Konnte ich notfalls meine letzte Hoffnung auf Gebete setzen, oder würde ich für immer behindert bleiben? Mit diesen quälenden Fragen schlief ich wieder ein, während der alte Mann weiterhin sprach.

Die Operation war ein Fehlschlag. Nachdem die Schläfrigkeit nachgelassen hatte, merkte ich erst wirklich, dass ich völlig hilflos geworden war und nichts mehr außerhalb des Bettes tun konnte. Die Krankheit hatte sich auch auf meine Arme ausgebreitet! Zuvor war ich nur wegen meines linken Beines besorgt gewesen – nun schienen alle meine Gliedmaßen zu versagen! Ich konnte jetzt auch mein rechtes Bein kaum noch gebrauchen, außerdem waren meine Arme und Hände krumm und ganz schwach geworden. Sie konnte ich nur dann noch etwas benutzen, wenn sie dafür nicht ausgestreckt werden mussten. Es war ein völliger Albtraum!

Es mag für einen normalen Menschen schwer sein, sich die Panik und die Qual vorzustellen, die mich damals schier verschlangen, all das auch noch inmitten von Gestank nach Urin und Exkrementen. Manchmal wurden mir meine Mahlzeiten wieder fortgenommen, nur weil ich mit meinen steifen Armen den Teller nicht hatte erreichen können und niemand in der Nähe gewesen war, der mir geholfen hätte. Ich wurde jeden Tag dünner, und überall bekam ich Schuppen, weil kein Einziger daran dachte, mich einmal zu baden. Meine Mutter wischte mir den Körper ab, wenn sie mich besuchen konnte, aber das half nicht, weil dies so selten war und niemand es fortführte. Wenn dies befremdend klingen mag, sollte bedacht werden, dass dies ein koloniales Krankenhaus in einer Zeit großer Spannungen und Gewalttätigkeiten war. Das Leben wurde gering geachtet, im Krankenhaus wie außerhalb.

Ich hatte bald angefangen, den alten Mann richtig zu mögen. Sein Name – den er bei seiner Bekehrung erhalten hatte – war Joseph. Als er eine Weile nach meiner Operation mit meinen Eltern zusammentraf, erlebte ich eine ergreifende Begegnung. Er kannte sie tatsächlich gut, es war nicht nur Gerede gewesen. In jener Atmosphäre von Kummer und Leid sprachen sie viel auch über Gott und den Wert des Gebetes. Joseph wirkte auf mich ein, mich ebenso dem Herrn anzuvertrauen, und so beteten wir bald schon morgens und abends miteinander.

Ich werde immer an diesen alten Mann zurückdenken. Obwohl es ihm schlecht ging (er litt an Diabetes), half er mir mehr als das Pflegepersonal, indem er dafür sorgte, dass meine Bettpfanne gebracht und geleert wurde, was jenes von sich aus nicht tat. Innerhalb kurzer Zeit war eine richtige Freundschaft zwischen uns erblüht; ich konnte mit ihm sogar wie zu meinen Altersgenossen sprechen.

Eines Tages starb er im Schlaf. Er wurde am Morgen tot vorgefunden, und als sie ihn hinausrollten, blieb ich sehr traurig und einsam zurück. Inzwischen war ich zu dem Punkt gekommen, wo ich fand, dass das Leben in dieser Welt für Menschen wie Joseph und mich ein wahres Elend war. Ich teilte seine Vision von einem freudigen Ort jenseits des blauen Himmels, wo unsere kranken Körper nicht mehr zählten. Dort würden sie uns abgenommen und unsere Seelen für immer frei und glücklich sein. Trotz des Kummers über den Verlust dieses wahren – und in diesem Krankenhaus einzigen – Freundes tröstete mich der Gedanke, dass es nun keine Leiden mehr für ihn gab.

Den Verlust seiner Hilfe bekam ich arg zu spüren. In der schlimmsten Erinnerung ist mir ein Unglück, das passierte, als ich dringend eine Bettpfanne brauchte und wieder einmal keine bekam. Ich rief verzweifelt jeden Vorbeikommenden an, mir eine zu bringen, aber alle ignorierten mich, taten so, als seien sie zu beschäftigt. Schwach, hilflos und schmutzig, wie ich war, wollte offenbar niemand etwas mit mir zu tun haben. In meiner Not langte ich zu dem nahen Bord des Nachbarbettes hinüber, auf dem eine Bettpfanne stand. Da sie schon voll war, schaffte ich es mit meinen schwachen, gekrümmten Händen nur, sie ein klein wenig anzuheben. Ich schrie nun regelrecht um Hilfe, doch auch jetzt wollte niemand hinhören. Nachdem ich die Schüssel, mit Tränen in den Augen, noch eine Weile gehalten hatte, entglitt sie meinem Griff, und mein Gesicht wurde patschnass von dem fremden Urin. Selbst in die Nase und in den Mund drang er mir. Darauf kam das Personal in seiner langsamen, unwilligen Art herbei, um die Bettwäsche zu wechseln. Ich hasste es durch und durch – verabscheute das ganze Krankenhaus, das, so weit ich sehen konnte, viel zu wenig für mich tat!

Den Schmerzmitteln, mit denen ich teilweise einigermaßen durchkam, fügte ich Gebete hinzu, in denen ich Gott um Barmherzigkeit anrief, wie Joseph es mich gelehrt hatte. Gebete würden die Hand bewegen, die das Universum bewegt, hatte er zu mir gesagt. Mein starkes Bitten und Flehen schien dies jedoch nicht zu bewirken: Ich wurde noch schwächer, meine Beine, Arme und Hände versteiften sich weiter, und mein nach wie vor verbundener Rücken war nachts oft so wenig zu ertragen, dass ich trotz der Tabletten kaum Schlaf finden konnte.

Eines Tages kam mich mein Bruder Njaga in Begleitung von zwei Freunden besuchen. Ich staunte, wie sehr er gewachsen war. Er hatte ein Gebetstaschentuch bei sich, das ihm für mich von einer religiösen Organisation in den Vereinigten Staaten von Amerika – der Apostolic Faith – geschickt worden war. Nachdem er es mir zu halten gegeben hatte, beteten wir intensiv miteinander. Danach sagte er mir, dass er gekommen sei, um sich zu verabschieden, denn er werde bald zu einem Studium in Amerika aufbrechen, für das er ein Stipendium erhalten habe.

Amerika – ich traute meinen Ohren nicht! Er erklärte mir noch Genaueres zu dem Stipendium, dann beteten wir alle zusammen für meine Genesung und für seine Reise. Nachdem mich die drei verlassen hatten, kam ich innerlich überhaupt nicht zur Ruhe.

Wie um alles in der Welt würde ich jemals zu solch einer Bildung gelangen können? Ach, ich Ärmster, dachte ich, alle meine Brüder und Cousins kommen gut voran, und Njaga geht jetzt sogar nach Amerika, während ich verdammt bin, für immer in Elend und Verzweiflung zu verbleiben! Mir kamen die Tränen vor Neid und Selbstmitleid, und schließlich schluchzte ich so laut, dass der Stationsleiter zu mir herüberkam und fragte, was denn los sei. Doch da streikte meine Stimme.

Nachdem ich sehr lange in dem Saal gelegen hatte, wurde ich eines Tages nach draußen gebracht. Sie setzten mich auf eine winzige Matte, die gerade so für meine Größe reichte. Während ich dort saß und die Sonnenwärme genoss, sah ich mit großer Freude meinen Vater kommen. Ich hatte ihn schon länger nicht mehr gesehen, weil er mit dem Pass, den er besaß, neuerdings nur noch einmal im Monat nach Nairobi hineindurfte.

Er konnte nicht glauben, was er sah. Bisher hatte er bei jedem Besuch Übungen mit mir gemacht, doch da das Reisen schwieriger geworden war, lagen die letzten ziemlich weit zurück. Schockiert stellte er fest, dass ich während seiner Abwesenheit derart vernachlässigt worden war, dass ich mich nun nicht einmal mehr hinknien konnte. Inzwischen hatten sich meine Gliedmaßen alle versteift! Mein Vater machte sich in großem Zorn auf, um mit dem Arzt zu sprechen, doch dazu bekam er keine Chance. Er kam mit finsterem Gesicht zurück, und wenn ich mich nicht täuschte, hatte er sogar etwas geweint. Schweigend packte er die Gebäckstücke aus, die er mir mitgebracht hatte, und holte die übliche Reiseflasche mit Tee hervor. Während ich aß, sagte er mit sehr unglücklicher Miene: „Du hattest noch einige Kräfte, als ich dich hierherbrachte! Was tun dir diese Ärzte bloß an?" Darauf hatte ich keine Antwort. Er saß sehr bekümmert da und konnte nur noch den Kopf schütteln.

Als er etwas ruhiger geworden war, berichtete er von sich:

„Vor drei Wochen folgte ich dem Beispiel deiner Mutter und erkannte den Herrn an. Ich tat dies vor einer großen Versammlung in Thogoto. Der Herr hat mich angenommen." Nach einigem Schweigen fragte er:

„Würdest du gern erlöst werden von den irdischen Leiden und irdischen Sünden – dem Körper, Schmerz, Reichtum, Neid, Hass?"

Als er daraufhin eindringlich mein Gesicht prüfte, sah ich weg.

„Nun, würdest du gern erlöst werden? Lass es mich bald wissen!"

Er ließ mich nervös und verwirrt zurück. Während ich ihm

nachsah, bis er meinem Blick entzogen war, fragte ich mich vor allem aber, wann ich ihn wohl wiedersehen würde. Im Hinblick auf mein Zuhause war mir sogar, als müsse es einem Wunder gleichkommen, wenn ich mich dort überhaupt noch einmal wiederfände. Ich rollte mich auf die andere Seite und hörte dabei trockene Blätter unter der Matte rascheln.

Im Laufe der weiteren Wochen gewöhnte ich mich allmählich an die Einsamkeit. Ich sah niemanden von zu Hause, aber inzwischen arbeitete in dem Krankenhaus eine Verwandte, die oft von meinen Eltern beauftragt wurde, mir etwas zu bringen. Da sie ihrer Anstellung wegen täglich passieren konnte, stellte sie für mich die Verbindung zur Familie dar. Sie war es auch, die mich erst einmal anständig der für die Säle fünf und sechs zuständigen Oberschwester vorstellte. Diese bekam Mitleid mit mir und nahm die Gewohnheit an, mir Spielsachen zu geben und Kuchen oder Kekse für mich zu kaufen. Was vielleicht noch viel wichtiger war: Sie gab mir den Anstoß, lesen und schreiben zu lernen! Sie war beeindruckt davon gewesen, wie schnell ich Kisuaheli und Luo gelernt hatte, und lobte mich auch vor anderen dafür. „Er ist wirklich schlau", sagte sie. „Als er hierherkam, kannte er davon kein Wort, und jetzt spricht er beides so gut!" Sie war ein wunderbarer, warmherziger Mensch.

Zunächst lehrte sie mich das Alphabet. Als ich nach zwei Wochen alle Buchstaben beherrschte, begannen wir mit den Ziffern. Sie schrieb sie auf einem Blatt Papier auf und ich sie darunter ab. Ihr Lob ermutigte mich und bildete wenigstens *eine* Quelle des Stolzes in dieser Landschaft aus Sorge, Scham und Selbstmitleid. Ich wurde fest entschlossen, das Lesen und Schreiben zu lernen.

An einem Donnerstag im Januar 1956 wurde ich entlassen. Da dies bedeutete, dass ich kein Bett mehr hatte, stellte man mir einen Stuhl auf die Veranda, wo ich nun tagsüber auf meinen Vater warten sollte, den ich wieder einige Wochen nicht gesehen hatte. Ich saß im Schatten, da es sehr heiß war, und beobachtete die vorbeigehenden Leute. Jeder schien ein Ziel zu haben, nur ich war wie gestrandet, ohne Kenntnis, wann ich würde aufbrechen können.

Zu Hause hatte noch niemand von meiner Entlassung erfahren. Die Verwandte, die meine Familie benachrichtigt hätte, war zu der Zeit nicht da, wahrscheinlich in Urlaub gegangen. Eine ganze Woche lang war ich ohne Bett und musste auf einer Matte in einem kleinen Büro schlafen, das mit Aktenordnern vollgestopft war.

Eines Morgens endlich kam ein Mann mit Papier und Stift zu mir und erklärte, dass er meinen Vater anrufen wolle. Als ich ihm dessen Namen, Arbeitsplatz und so weiter angeben sollte, wusste ich nur zu sagen, dass er bei der East African Veterinary Research Station* in Muguga arbeite; seine Abteilung war mir nicht bekannt. Der Mann begab sich darauf ans Telefon.

Anstatt weiter auf der Matte in dem Büro zu liegen, wäre ich lieber draußen gewesen, um mich in der Sonne zu wärmen. Doch jeder, den ich bat, mich hinauszubringen, weigerte sich und sagte, dass ich wieder einschlafen solle, wenn ich fröre.

Ein paar Stunden später hörte ich voll Freude die Stimme meines Vaters vom Korridor her. Er kam mit seinem europäischen Chef, Dr. Owen, einem sehr freundlichen Herrn, der

---

* Ostafrikanische Veterinär-Forschungsstation

ihn auch ohne Pass in die Stadt bringen konnte. Wenn die Polizei nachfragte, erzählte er, dass Papa sein Koch sei, und sie war es zufrieden.

Mein Vater kleidete mich in ein neues Hemd und neue Hosen und wickelte die alten, schmutzigen Sachen in ein Papier. Dann trug er mich zu dem Auto seines Chefs, da ich ja nun gar nicht mehr gehen konnte. Ich war sehr froh, aus meiner Einsamkeit in dem Krankenhaus herauszukommen und meine Familie wiederzusehen, wusste aber, dass ich selbst zu Hause viel allein sein würde: Wie mein Vater mir unterwegs erzählte, hatte mein jüngerer Bruder nun auch mit der Schule angefangen. Das deprimierte mich und verstärkte den Kummer über mein Unglück noch mehr.

Als wir uns unserem Haus näherten, ließ meine Vorfreude weiter nach. Da meine Glieder nun sämtlich steif und gekrümmt waren, konnte ich mir bereits die Blicke und Fragen meiner Geschwister vorstellen: Was ist passiert, was ist denn mit deinen Armen und Händen schiefgegangen? Und warum bist du so dünn? Auch würden sie sich über die weiterhin großen Geschwüre auf meinem Rücken wundern und sich vor ihrem eigenen Bruder ekeln. Aber da war zunächst nur meine Mutter, die mich aus Dr. Owens Auto hob und viel zärtlicher in die Arme nahm, als ich es mir vorgestellt hätte. Sie brachte mich ins Haus und legte mich auf ein Bett. Als darauf ein kleines Mädchen mit einem selbst gemachten Spielzeugflieger in der Hand auftauchte, fragte sie mich, ob ich wisse, wer es sei.

„Nein, tu ich nicht."

„Deine kleine Schwester!"

Unwillkürlich kamen mir die Tränen.

„Na, na!", sagte meine Mutter, „du brauchst doch nicht zu weinen, bloß weil du sie nicht kennst. Sorge dich nicht, mein Sohn!"

Als sie das Zimmer verließ, hörte ich den Lärm meiner aus der Schule kommenden Geschwister. Sie stürmten direkt zu mir herein, da sie von meiner Heimkehr erfahren hatten. Die peinlichen Fragen begannen …

In den darauffolgenden Tagen war meine Mutter eine vielbeschäftigte Frau, weil sie immer wieder von der *shamba** weg zu mir eilen musste, um mich auf die Toilette zu bringen, meinen Rücken zu waschen und die Verbände zu wechseln. Sie wollte nicht, dass ich in irgendeiner Weise litt. Ich jedoch verabscheute mich richtig dafür, dass ich sie ungewollt leiden lassen musste. Eine Woche lang kamen mich Leute aus der Nachbarschaft besuchen, insbesondere Frauen, die Geschenke mitbrachten und Besorgnis und Mitleid ausdrückten. Manche bedrängten meine Eltern, mich zu einem Medizinmann zu bringen, damit ich behandelt werden könnte und auch herausgefunden würde, was für mein schlimmes Schicksal verantwortlich war. Sie meinten, dass mich jemand mit dem bösen Blick (*kugwetwo*) verhext haben könnte, da ich damals als hübscher und gutgebauter Junge doch eine gute Zielscheibe für solche boshaften Menschen gewesen sei.

Eines Sonntagmorgens bügelten meine Geschwister geschäftig ihre Kleidung für die Sonntagsschule, kämmten ihr Haar und trugen *utu*-Öl auf ihre Gesichter und Beine auf, um so gut wie möglich auszusehen. Ich sollte zu Hause bleiben.

---

* zum Haus gehörender Nutzgarten; Feld

Auf Anordnung meines Vaters wurde ich gebadet und umgezogen, weil er sich anschickte, jemanden zu holen, von dem ihm erzählt worden war, dass er mir helfen könnte. Voll Neid auf meine Geschwister und voller Kummer darüber, dass ich allein zurückbleiben musste, weinte ich, als ich nach dem Bad wieder ins Bett gelegt wurde. Dort hörte ich nur das Rauschen von Blättern und ein gelegentliches Bellen unserer beiden Hunde Simba und Charlie. Dabei überkam mich ein kalter Schauer, da es mich darauf brachte, dass ich so allein ganz hilflos sein würde, wenn nun plötzlich böse Männer zu unserem abgelegenen Haus kämen. Noch herrschte ja der Krieg und hatten Gewalt und Angst das Land im Griff.

Nach etwa einer Stunde hörte ich das Geräusch eines Schlüssels, der in die Haustür gesteckt wurde, danach die Stimmen meines Vaters und eines anderen Mannes. Der Medizinmann kommt, dachte ich und spürte eine eigentümliche dunkle Furcht.

Sie traten in mein Zimmer ein und blickten mich an. Der Fremde trug einen sauberen schwarzen Mantel, lange Hosen, ein grünes Hemd und eine hellgrüne Krawatte. Seine gepflegte Erscheinung beruhigte mich, weil ich einen Medizinmann in Affenfell und mit den schmierigen Artefakten dieses Gewerbes erwartet hatte. Es wäre allerdings merkwürdig gewesen, wenn meine christlichen Eltern so jemanden ins Haus gelassen hätten, da sie Zauberei doch als Handwerk des Teufels ansahen.

Der Heiler legte einen kleinen Kasten auf das Bett meines jüngeren Bruders, untersuchte meine Gliedmaßen und teilte meinem Vater dann seine Empfehlung mit. Der sah misstrauisch und zweifelnd drein, akzeptierte dann aber einen Teil der in dem Kasten mitgebrachten Kräuter. Sie mussten in sauberem Wasser gekocht und mit Honig, Ziegenfleischsuppe und dem Urin eines Lammes vermischt werden. Diese Mixtur solle ich dreimal am Tag trinken, sagte der Heiler zu meinem Vater und verhieß ihm: „Nach drei Tagen werden Sie Ergebnisse sehen!"

Nachdem mein Vater gezahlt hatte, ging der Mann mit kraftvollen, selbstsicheren Schritten hinaus. Er fuhr auf seinem Fahrrad davon, über das ich später erfuhr, dass es stets einen dicken Sack mit verschiedensten traditionellen Heilmitteln auf dem Gepäckträger hatte. Da es meilenweit nur ein Missionskrankenhaus gab, machte ein Heiler wie dieser gute Geschäfte.

Zur Vorbereitung meiner Medizin wurden die Kräuter den ganzen Montag über gekocht. Am Dienstagabend war die Mixtur fertig (auch der Urin fehlte nicht), und gerade hob ich an, sie zu trinken, als uns ein heftiges Pochen an die Haustür aufschreckte.

„Sie sind gekommen!", flüsterte meine Mutter mit angstvollem Gesicht. Die Kerosinlampe wurde von der Wand auf den Boden verlagert und ihr Licht kleingedreht, was den Raum praktisch dunkel machte. Einem neuerlichen Anpochen folgte ein Stiefeltritt gegen die Tür, der das ganze Haus zu erschüttern schien. „Wer ist da?", rief mein Vater. Die Antwort bildeten ein weiterer schwerer Tritt und der Befehl zu öffnen.

Als wir öffneten, drangen sogleich drei bewaffnete Soldaten ein und befahlen uns, das Licht anzumachen. Sie blickten einen Augenblick um sich, dann sagte ihr Führer zu meinem Vater mit kaltem, grimmigem Blick: „Sie haben mit uns zu kommen! Wir suchen in den Ngong-Wäldern* nach Terroristen!"

„Aber ich habe doch morgen früh Dienst!", protestierte mein Vater. Sofort gab ihm der Soldat einen heftigen Schlag ins Gesicht. Uns allen verschlug es den Atem – es war einfach unglaublich, dass jemand dies unserem Vater antat, einem Mann, der in der ganzen Gegend geachtet war!

Mein Vater hatte keine andere Wahl, als zu gehorchen. Er zog seinen Mantel über und sagte uns hastig Lebewohl. Nach seinem Weggang waren wir voll Angst und Sorge, da wir nicht wussten, wann oder ob überhaupt er zurückkehren würde. Die Bekämpfung der Terroristen war nicht gerade ein Honiglecken.

Nun allein, blickte meine Mutter eine Weile auf die Kürbisflasche, die meine Medizin enthielt, und murmelte vor sich hin. Mir war klar, dass sie mit ihrem Gewissen kämpfte: Sie war halben Sinnes, das Ganze völlig wegzuschütten und damit dem Teufel Schande zu machen, fürchtete auf der anderen Seite aber, mir dadurch etwas vorzuenthalten, das mir eventuell doch zur Genesung verhelfen konnte. Schließlich goss sie unsicher einen Teil der Mixtur in eine Tasse, sah zu, wie ich daran nippte, und fragte mich, wie sie schmecke.

Sie war bitter und hatte einen widerlichen Beigeschmack durch den Urin. Doch gerade dessen Schärfe ermutigte mich, da ich glaubte, dass sie eine besondere Kraft und somit die Möglichkeit für ein Wunder enthalten müsse. Schon fand ich mich von neuer Hoffnung erfüllt und bereits auf dem Weg zu der Überzeugung, dass die traditionelle Medizin eine Macht

---

* in den Ngong Hills, einem Berggebiet südwestlich von Nairobi

habe, die den kleinen Pillen des weißen Mannes fehle.

Mein Vater kehrte nach etlichen Tagen zurück und berichtete uns von seinen Erlebnissen und Entbehrungen in den Ngong-Wäldern, wo sie viel Buschwerk gelichtet hatten, jedoch auf keine Widerstandskämpfer gestoßen waren. Er freute sich zu sehen, dass ich wie vorgeschrieben meine Medizin einnahm, und fuhr bei der nächsten Möglichkeit zum Dagoretti-Markt[*], um mehr von den erforderlichen Kräutern zu kaufen. Daraus bereitete er Mengen von der Mixtur zu, jede Woche eine Kürbisflasche voll.

„Schau, es geht ihm besser", sagte er nach einiger Zeit zu meiner Mutter. „Die Medizin ist gut, er wird schon kräftiger!"

Doch dies war nicht der Fall. Mein Vater hatte es nur glauben machen wollen. Unübersehbar für uns alle, waren nicht nur meine Gliedmaßen völlig unverändert geblieben, sondern hatten sich die Geschwüre auf meinem Rücken trotz dieser ‚Medizin' noch weiter ausgebreitet und zu eitern begonnen. Unsere Hoffnung, die wir in die Mixtur gesetzt hatten, schwand und starb dahin. Nach dem Abbruch der Behandlung war ich dermaßen deprimiert, dass ich mir fast den Tod gewünscht hätte.

An einem kalten Abend sagte mein Vater in düsterem Ton zu meiner Mutter, dass ich wohl besser wieder ins Krankenhaus gebracht würde. In jener Nacht weinte ich haltlos vor mich hin. Ich wollte nicht dorthin zurück, mein Platz war doch hier! Ich wollte meine Mama nicht verlassen, die sich so gut um mich kümmerte, und wieder den Hunger und all die Vernachlässigung erleben. Was konnte das Krankenhaus

---

[*] Dagoretti: eine kleine Ortschaft unweit von Nairobi, deren Markt in der Gegend sehr bekannt ist.

für mich schon tun? Hatten die dort nicht alle versagt? Meine Mutter hörte mein Weinen und kam mit einer Taschenlampe an mein Bett. Sie glaubte, mich der Schmerzen wegen trösten zu müssen, und als sie auf ihre liebe Weise sagte, dass ich mich deshalb nicht sorgen solle, vermehrte das meine Tränen nur noch.

Später in der Nacht betete ich zu Gott, wie Joseph es mich gelehrt hatte, bat Ihn inständig, mir zu helfen, dass ich mich wieder wie alle anderen bewegen könne. Ich wünschte mir so sehr, wie Mungai zur Schule gehen zu können, einfach normal zu sein. Aber mir war bewusst, dass ich um ein Wunder betete.

Am Morgen hörte ich das Geräusch eines vorfahrenden Autos, des klapprigen Ford Prefect meines Onkels, und wurde auch schon bald zu ihm hingetragen. Als wir abfuhren, sah ich solange es ging meiner zum Abschied winkenden Mutter nach, und unterwegs prägte ich mir noch einmal die Landschaft ein, um mich während der kommenden einsamen Monate an die Erinnerungen klammern zu können.

6

Eine Weile starrte ich ängstlich die vertrauten Krankenhausgebäude an, da ich zu wissen meinte, was auf mich zukam: endloses Warten, ermüdende Untersuchungen, Schmerzmittel und Personal, das meine Verbände und die Bettpfanne nur widerwillig wechselte. Meine einzigen Gefährten würden kranke Menschen sein, und durch den nicht enden wollenden Krieg würde ich erneut verletzte Gliedmaßen und verbrannte Haut sehen.

Mein Vater stieg aus dem Auto und ließ mich mit meinem Onkel zurück. Der sprach zunächst nicht mit mir, sondern blickte nur hinaus und pfiff ab und zu. Die vorbeigehenden Schwestern sahen aber auch hübsch in ihren rosa Uniformen aus. Nach einer Weile drehte er sich mit einem Lächeln zu mir um und fragte in gewollt leichtem Ton: „Na, was siehst du so traurig drein? Angst vorm Krankenhaus?" Angesichts all des Erwarteten schaffte ich es nicht, ihm zu antworten.

Schließlich war es soweit, dass mich mein Vater, der mit einem Papier in der Hand zurückgekehrt war, ins Gebäude trug. Zu meiner Überraschung kam ich diesmal auf die Kinderstation. In ihr war es laut und unordentlich, und es stank nach Exkrementen. Erst nachdem ich mich leidlich an diesen Geruch gewöhnt hatte, bekam ich die Bananen hinunter, die mir zum Abschied noch gekauft worden waren.

Die Ernährung war hier gut. Wir bekamen frühmorgens Porridge und um acht Uhr Tee und zwei Schnitten. Auch das Mittag- und das Abendessen sagten mir sehr zu. Nachmittags um vier gab es nochmals Tee und Brot, dazu eine Banane und ein Ei. In dieser Hinsicht gab es diesmal wirklich nichts zu beklagen.

Ebenso schien ich medizinisch in bessere Hände gekommen zu sein: Mein Rücken wurde nun ohne Verbände behandelt, und es ging mit mir so weit aufwärts, dass die Geschwüre heilten und keine neuen mehr kamen (lediglich Narben blieben). Das Schlafen wurde dadurch viel leichter.

Wenn die Ärzte mich untersuchten, nahmen sie sich viel Zeit dafür und besprachen sich eingehend über meinen Zustand. Als mein Vater zu Besuch kam, sagten sie ihm, dass ich an den Armen und Beinen operiert werden müsse. Zunächst jedoch gäben sie mir eine noch reichhaltigere Kost, damit ich genügend Kräfte für die verstärkten Betäubungsmittel bekäme, die für die diesmal längere Operation nötig seien.

Nach einigen Monaten hatte ich unter den Kindern und Schwestern in der Station viele Freunde gewonnen. Es stand ihr eine Ärztin namens Dr. MacDougal vor, die sehr nett und freundlich war. Sie sprach auf Kisuaheli mit mir, das ich inzwischen fließend beherrschte.

Eines Samstags kam mein Vater mit seinem Chef Dr. Owen, dem Weißen, der ihn wieder gefahren hatte, damit er ohne Probleme in die Stadt kommen konnte. Der nette Herr brachte mir auch ein paar Spielsachen und ein Paket Kekse mit. Bevor ich es öffnete, kam der Stationsleiter herüber, um mit meinem Vater über die geplante Operation zu sprechen, die aufwendig und ziemlich teuer werden sollte: Sie würde dreihundertfünfzig Schilling kosten, was seinerzeit viel Geld war. Das monatliche Gehalt meines Vaters belief sich auf etwa diesen Betrag, und damit musste er für die Erziehung all seiner Kinder aufkommen. Nachdem er aufmerksam zugehört hatte, erklärte er jedoch, dass er sein Bestes tun werde, das Geld aufzutreiben. Ich bedauerte ihn sehr und wünschte mir, allein schon dafür gesund zu werden, dass ich ihm nie wieder eine solche Last sein müsste.

Am nächsten Morgen, dem ein heftiger Platzregen vorangegangen war, kam mein Vater zurück, wieder mit seinem europäischen Freund, um mit dem Arzt zu sprechen. Nach etwa einer Stunde kam er außer sich zu mir und fuhr mich an: „Die Ärzte wollen dich unbedingt operieren, aber sie sagen, dass du zu schwierig seist – du äßest nicht ordentlich!"

„Aber ich esse doch!"

„Warum bist du dann so dünn und schwach? Du musst essen, was immer dir gegeben wird!" Ich konnte erkennen, dass er von den Belastungen gezeichnet war, den finanziellen wie den zeitlichen. Ich aß wirklich alles, was mir gegeben wurde, aber es schlug einfach nicht an. Mein Vater verließ die Station sehr zornig und empört, und noch im Gehen gab er beschämende Fragen und Anklagen von sich. Mir war so jämmerlich zumute, dass ich mich weinend unter der Bettdecke versteckte und jede Erwiderung verweigerte.

Man reicherte meine Kost noch mehr an. Als eine Schwester meine Schwierigkeiten mit all dem Fett bemerkte, sagte sie sehr freundlich, dass sie wirklich alles nur zu meinem Wohl täten. Diese Frau hatte ein besonders nettes Lächeln, und sie neckte mich auch gern. Manchmal zum Beispiel schob sie den Servierwagen an meinem Bett vorbei und sagte: „Für dich gibt es heute nichts!" Aber natürlich gab es immer was, serviert mit ihrem reizenden Lächeln. Sie schaffte es sogar, mir jedes Mal einen extra Leckerbissen zu besorgen, und war überhaupt so lieb und mütterlich zu mir, dass ich ihr schon bald ehrfürchtig zugetan war.

Es folgten fünf Wochen, in denen ich niemanden von zu Hause sah. Dies kränkte mich, besonders wenn ich an die Wut zurückdachte, in der mich mein Vater verlassen hatte, während ich doch versuchte, alles zu essen, was mir nur gegeben wurde, damit er sich über mich freuen würde. Inzwischen waren allerdings verschiedene weitere Untersuchungen an mir durchgeführt worden, nach denen die Ärzte sich über die Chancen einer Operation gar nicht mehr einig schienen.

Eines Abends wurde ich auf einer Bahre zu dem Ausbildungsinstitut für Mediziner gefahren, was mir nach der frustrierend langen Zeit auf der Station zunächst sehr willkommen war. In dem Institut zogen sie mich auf einem Tisch aus, der von starken elektrischen Birnen angestrahlt wurde. Zwei der vielen Ärzte, die nacheinander die ersten Untersuchungen vornahmen, tätschelten mir beruhigend die Wangen, weil sie mich kannten. Doch die Menge der um mich Gescharten machte mir Angst, und die Birnen waren mir zu heiß. Eine Unterbrechung entstand, als sich die Ärzte mit einer ausliegenden Mappe befassten und eine längere Diskussion führten, die ich nicht verstehen konnte. Danach piekste mich Dr. MacDonald, der sich besonders um mich kümmerte, fast überall mit einer Nadel und ließ notieren, dass ich die Stiche jedes Mal gespürt hatte. Schließlich kamen sie alle wieder herüber und beugten, jeder auf seine eigene Art, meine Gliedmaßen, bis ich vor Erschöpfung zu weinen anfing. Ein Pfleger tröstete mich, dass sie bald fertig sein würden.

Nach zwei Stunden auf dem Tisch war ich sehr erleichtert,

als ich wieder in dem Transporter liegen konnte. Bei der Ankunft am Krankenhaus wusste ich kaum, wo wir waren, aber später hörte ich, dass es anderen nach Fahrten im Krankenwagen auch so erging. Zurück in meinem Bett, schlief ich aus reiner Müdigkeit gleich ein.

Ich träumte, dass ich genesen sei und mit meiner Mutter zum Fluss liefe und aufgeregt sagte: „Ich wusste nicht, dass ich jemals wieder gehen könnte. Nun wirst du mich wie Mungai auf die Schule geben, nicht wahr?" Meine Mutter, die ein Gefäß zum Wasserholen trug, sah glücklich aus und antwortete: „Das Ganze hat mich so bekümmert, Sohn, aber jetzt bist du gesund und kannst alles wie die anderen tun!" Am Morgen wurde natürlich klar, dass es nur ein schöner Traum gewesen war, der nichts an der grausamen Realität änderte.

Am Tag darauf starb ein Junge. Es geschah direkt nach dem Morgentee. Ich hatte mich gerade etwas aufgesetzt, um Ausschau zu halten, ob mir jemand eine Bettpfanne bringen würde, als der Junge aus Bett fünf hinaus auf den Boden fiel und danach wie im Delirium davontaumelte. Viele schrien, er sei verrückt geworden; wer es konnte, eilte ihm nach. Er hatte, nach Entlangtasten an Kanten und Wänden, schon den Ausgang erreicht, als er zweimal hintereinander erneut zu Boden fiel. Jemand stürzte los, um den Arzt zu rufen, doch der Junge war bereits tot, als dieser eintraf. In der Station breiteten sich Angst und große Unsicherheit aus. Wir Kinder waren alle für lange Zeit sehr still, tief berührt von dem, was wir gesehen hatten.

Als die Eltern des Jungen am Abend kamen, um ihn zu besuchen, erfuhren sie erst von seinem Tod. Wegen des gerade herrschenden Regenwetters, das die Wege auf dem Lande aufweichte, waren sie sehr verschmutzt, besonders der Vater, ein sehr einfacher Bauer in einem alten zerrissenen Mantel. Die zuständige Schwester sah die beiden mit unverhohlener Verachtung an, als sie ihnen die Einzelheiten mitteilte. Die Mutter, die ihre Tränen nicht zurückhalten konnte, obwohl sie sich um Fassung bemühte, nahm ihr Kopftuch ab, um sich damit die Augen zu wischen. Als sie nach einiger Zeit unsicher aufschaute und sich dabei unsere Blicke trafen, riss sie sich los, kam zu mir herüber und sagte mit zitternder Stimme: „Ich hatte diese Bananen, diese Milch und dieses Brot für meinen Jungen mitgebracht, aber nun ist er tot. Du bist auch mein Sohn. Deshalb möchte ich, dass du all das bekommst." Dann brach ihre Stimme.

Ich war unsicher, ob ich Essen annehmen sollte, das für einen Verstorbenen gedacht gewesen war; erst nach einer Weile konnte ich es einigermaßen mit meinem Gewissen vereinbaren, dies zu tun.

Der Tote wurde in die Leichenhalle gebracht, doch sein Geist verfolgte mich. Wieder einmal packte mich die Furcht, dass ich der Nächste sein könnte. Wahrscheinlich würde ich in den Operationssaal gehen und nie mehr aufwachen.

Doch es gab gar keine Operation! Nach weiteren Wochen der Ungewissheit kam Odhiambo, einer der Pfleger, und teilte mir unerwartet mit, dass er mich heimbringen werde. „Die Ärzte können dir nicht helfen, somit hat es keinen Sinn, dass du noch länger hierbleibst." Da ich nicht wusste, ob ich das glauben sollte, schwieg ich dazu und setzte, als er mich wieder verlassen hatte, meinen mühseligen Versuch fort, einen Pullover zu stricken – eine Übung, die mir Freiwillige des Roten Kreuzes beigebracht hatten. Bald jedoch kam Odhiambo mit einer Wolldecke und einem Blatt Papier zurück. Ich konnte mir auch nicht vorstellen, wie er mich nach Hause bringen sollte, da er nach meiner Meinung nicht einmal wusste, woher ich kam. Aber das tat er anscheinend doch.

Er bemühte sich, mich ein wenig mit einem nassen Tuch zu säubern, wickelte mich dann in die Decke und trug mich hinaus. Noch immer glaubte ich nicht, dass es nach Hause gehen würde, sondern dachte, ihm sei vielleicht aufgetragen worden, mich in eine andere Station zu bringen. Doch draußen wartete schon der Krankenwagen auf uns.

Sie legten mich auf die Leinwandbahre in dem Transporter und fuhren ab. Durch die Fenster sah ich nur Bäume vorbeiflitzen, bis ich das vertraute Geräusch einer Lokomotive hörte: Wir waren am Bahnhof von Nairobi angekommen.

Odhiambo und der Fahrer stiegen aus und trugen mich zu einem Gegenstand, den ich als Waage für Güter erkannte. Zu meinem blanken Entsetzen wurde ich wie ein Gepäckstück gewogen und an meiner Hand ein Schildchen befestigt, das meinen Bestimmungsort anzeigte und, wie ich annahm, welche Art von Gepäck ich war. Nach der Erledigung einiger Formalitäten wurde ich in einen mit Kisten, Ballen und Bündeln beladenen Waggon gebracht, der weder Sitze noch Belüftung hatte. Die Passagiere, die sich trotzdem darin befördern ließen, saßen auf Gepäckstücken. Ich wurde auf den Boden gelegt, und irgendwann setzte sich der Zug in Bewegung. Es war eine elende Fahrt in der stickigen Luft und dem Lärm, den meine Mitreisenden machten. Trotzdem schlief ich ein und wurde erst wieder wach, als Odhiambo mich rüttelte und mir mitteilte, dass wir im Kikuyu-Bahnhof eingetroffen seien. Er trug mich zu der Veranda der Station und sagte, mein Vater, der durch einen Anruf Bescheid wisse, werde mich dort abholen. Dann ließ er mich liegen und ging fort, zu einem Bummel, wie ich annahm.

Jetzt kehre ich so verkrüppelt nach Hause zurück wie ich weggegangen bin, dachte ich. All ihre endlosen Untersuchungen und Reden sind vergeblich gewesen, nichts auf der Welt kann mir nun noch helfen. Nur Gott kann es, und ich werde tun, was Joseph mich gelehrt hat – kein Tag soll ohne Gebet vergehen. Durch Gottes Macht sind die Geschwüre geheilt. Wenn ich glaube, wird auch alles Übrige gesund werden, und dann kann ich laufen und in die Schule gehen wie Mungai! Ich schloss die Augen und begann zu beten.

Es vergingen etwa zwei Stunden, bis ich Odhiambo zusammen mit meinem Vater kommen sah. Sie beugten sich beide zu mir herunter und fragten, wie es mir gehe. Als Papa mich danach in die Wolldecke wickeln wollte, um mich zu Dr. Owens Auto zu tragen, sagte Odhiambo: „Es tut mir leid, aber die Decke ist Eigentum der Regierung, Sie werden eine eigene kaufen müssen!" Mein Vater reagierte mit keinem Wort, sondern ging stracks in den Laden eines Inders und kaufte eine neue, rote Wolldecke. Er hüllte mich in sie ein und trug mich zu dem Auto, dann verabschiedeten wir uns von Odhiambo und machten uns auf den Heimweg.

Als wir an einem anderen Laden vorbeikamen, hielt Dr. Owen an, um mir dort ein paar Süßigkeiten zu kaufen. Während wir warteten, entdeckte ein Onkel von mir meinen Vater auf dem Beifahrersitz und kam herüber, um ihn zu begrüßen. Sie sprachen über mich, und dabei hörte ich meinen Va-

ter die unheilvollen Worte sagen, die sich in mir einbrannten:
„Nun ist er für immer ein Krüppel."

7

Es war fast schon Sonnenuntergang, als wir zu Hause ankamen. Beim Anblick des Autos verhielt sich unser Hund Simba ganz aufgeregt, aber er war fest angekettet. Während mich mein Bruder auf Vaters Geheiß hineintrug, machte meine Mutter bereits das Bett behaglich für mich zurecht. Als es fertig war, nahm sie mich in die Arme und sah mich sehr traurig an. „Mein Sohn, du bist wieder bei mir! Sie haben nichts für dich getan, sondern es sogar noch schlimmer gemacht. Doch sorge dich nicht, ich werde dir helfen, so sehr ich nur kann!"

Kaum lag ich im Bett, kamen sie alle zu mir herein. Ich freute mich natürlich über das Wiedersehen, fühlte mich unter ihren starren, neugierigen Blicken jedoch sehr unwohl. Nachdem Dr. Owen hinzugetreten war, um sich von mir zu verabschieden, wusste ich, dass die Ära des Hinein und Hinaus aus Krankenhäusern nun zu Ende war. Die Äußerung meines Vaters, dass ich für immer verkrüppelt sein würde, hatte auch nur bestätigt, was ich eigentlich schon lange geahnt hatte.

Mein Leben zu Hause, wie es nun folgte, war höchst langweilig, völlig ohne Sinn. Oft blieb ich den ganzen Tag im Bett, ohne einen Szenenwechsel oder auch nur eine richtige Unterhaltung. Ich schaute zur Decke hoch und zählte dort praktisch jeden Nagel, zuweilen selbst die Fäden von Spinnennetzen. Manchmal brachte mich meine Mutter nach draußen, damit ich an die frische Luft kam, doch mich machte dies stets verlegen, weil in der Nähe ein belebter Pfad war, auf dem die Leute dann stehen blieben, zu mir hinübersahen und Kommentare austauschten. Die mich kannten, kamen unter dem Vorwand hoch, mich begrüßen zu wollen, doch ich wusste, dass sie nur ihre neugierigen Augen an meinen Deformierungen weiden wollten. Obwohl ich den Sonnenschein und die frische Luft mochte, blieb ich lieber im dunkleren Inneren, wo mich kein Fremder sehen konnte.

Auch mein Verhältnis zur Familie war belastet. Wenn wir abends alle um das Feuer saßen, blieb ich schweigsam, selbst während Gesprächen oder Diskussionen, an denen ich mich hätte beteiligen können. Wenn die anderen lachten, sahen sie zu mir hin, um mich zum Mitlachen zu bewegen, doch ich blieb in meine Düsterheit eingehüllt, zurückgezogen in meine eigene, von Kummer und Qual erfüllte Welt. Ich erwartete nicht einmal, dass jemand sie verstand.

Ich machte Gebete zu meinem täglichen Brot; ich bat Gott, nur ein einziges Wunder für mich zu tun, indem Er bewirke, dass ich, wenn schon nicht meine Arme, so doch wenigstens meine Beine benutzen könne. Besonders neidisch war ich auf meinen kleinen Bruder, der mir in allem voraus war. Ich hasste es, ihn etwas vorlesen zu hören, hasste es, mit ansehen zu müssen, wie er sich munter und energiegeladen erhob, wenn Mama ihm Besorgungen auftrug – all das ließ mich so hoffnungslos und erbärmlich fühlen. Ich blieb in mich verkrochen, zerfressen von Neid und Selbstverachtung.

Natürlich beunruhigte das jeden zu Hause. Eines Tages schließlich sagte mein Vater ganz hart zu mir: „Ich will, dass du ab sofort anfängst zu lernen! Mungai wird dir beibringen, was er in der Schule durchgenommen hat, und ich werde alles als dein Lehrer überwachen. Verstanden?" Er sprach mit tiefgerunzelter Stirn, und als er inneren Widerstand bei mir bemerkte, wurde sein Blick noch strenger. Er kam mir so gnadenlos vor, dass ich zu weinen begann. Nachdem er hinausgegangen war, sagte meine Mutter zu mir: „Sorge dich nicht, mein Sohn, sondern tue, was dein Vater sagte – er möchte dir doch nur helfen! Lernen ist etwas Gutes, du brauchst überhaupt keine Angst davor zu haben!"

Eines Tages erhielten wir aus Amerika einen Brief von meinem Bruder Njaga. Mein Vater, der ihn am Abend mitbrachte, las ihn uns voller Stolz vor, denn es ging daraus hervor, dass Njaga sehr gut vorankam. Ich war ganz gefesselt, aber natürlich fragte ich mich gleich wieder, ob es jemals auch für mich eine Chance in einem fernen Land geben könnte.

Mungai hatte bereits begonnen, mich zu unterrichten. Als wir nach dem Abendessen zum Lernen am Tisch saßen, überkam mich das Verlangen, mit meinem fernen Bruder Kontakt aufzunehmen. Mungai, den ich fragte, wie ich dies anstellen könnte, bot mir an, einen Brief für mich zu schreiben, wenn ich ihn diktierte.

Auf diese Weise schüttete ich Njaga eine Seite lang mein Herz aus. Den ganzen restlichen Abend war ich von Stolz und Begeisterung erfüllt, weil bald Worte von mir in einem weit entfernten Land gelesen würden. Mein allererster Brief! Da ich ihn nicht selbst schreiben konnte, hatte ich nur leider einer dritten Person Geheimnisse enthüllen müssen, die ich eigentlich nicht gern geteilt hätte.

Am nächsten Tag versuchte ich draußen mit dem Unterrichtsstoff vom letzten Abend fortzufahren, brachte aber nichts zustande, weil ich noch zu aufgewühlt war. Da erschien plötzlich mein Cousin Gatheca, mit dem mich vor meiner völligen Verkrüpplung eine recht gute Freundschaft verbunden hatte, setzte sich neben mich ins Gras und half mir beim Lernen. Meine Mutter, die damit beschäftigt gewesen war, Feuerholz zu holen, fand uns auf ihrem Rückweg in vergnügter Stimmung vor und bat Gatheca, mich doch häufiger zu besuchen und mir auch weiterhin ein wenig zu helfen. Damit war das Eis gebrochen, und sehr bald schon wurde dieser Cousin mein bester Freund und Vertrauter.

Wir hatten einen unfreundlichen Tag mit viel Regen und Matsch. Obwohl ich mich während der wenigen Sonnenmomente gern draußen entspannt hätte, war ich bisher drinnen geblieben, aus Angst, dass mich gerade dann ein neuer Guss erwischen würde, wenn niemand in der Nähe wäre, der mir helfen konnte. Mein Vater hatte es sich gemütlich gemacht und las, mit der Brille auf seinen breiten Nasenflügeln, die Zeitung. Als ich schließlich doch Mungai bat, mir aus dem Haus hinauszuhelfen, wurde der ärgerlich – er empfand mich mittlerweile oft als eine Plage und sagte rundheraus, dass ich ruhig sein und ihn nicht belästigen solle. Mein Vater hörte das und blickte uns über seine Brille hinweg an. Da er mir ansah, dass ich ganz geknickt war, stand er ohne Umschweife auf, nahm mich mitsamt dem Hocker, auf dem ich saß, in seine Arme und brachte mich nach draußen, damit ich kurz die Sonne genießen konnte.

Am Abend sagte er zu Mungai: „Ich habe vor, für deinen Bruder einen Rollstuhl zu kaufen. Wirst du denn dann seiner Bitte folgen, wenn er hinausmöchte?"

„Ja", erwiderte Mungai pflichtschuldig.

Zu mir gewandt sagte mein Vater: „Es wird ein Stuhl aus Holz sein – mit dem muss sehr vorsichtig umgegangen werden, verstehst du?"

„Ja."

Der hölzerne Rollstuhl kam nach etwa zwei Wochen. Er weitete meine Welt beträchtlich aus. Bis dahin war ich lediglich vor das Haus gebracht und wieder hineingetragen worden; nun konnte ich mich daran erfreuen, von Mungai und Gatheca geschoben auch etwas entferntere Plätze zu sehen. Meine Stimmung hob sich während dieser kleinen Ausflüge dermaßen, dass ich meinen Kummer dabei vergessen konnte.

Mit der Zeit machte ich langsame, aber stetige Fortschritte beim Lernen. Etwa ein Jahr, nachdem ich damit begonnen hatte, konnte ich flüssig in Kikuyu und Kisuaheli schreiben und der Familie einen Text vorlesen. Da ich im Lesen noch weniger gut und meiner Zuhörer wegen auch sehr aufgeregt war, geriet dies allerdings ziemlich stockend, doch mein Vater freute sich so darüber, dass er mir daraufhin eine Bibel kaufte.

„Sohn, ich möchte, dass du an Gott glaubst und Seine Wunder erkennst!", sagte er, als er sie mir überreichte. Ich bekam Schuldgefühle, da ich in meinem Glauben rückfällig geworden war und nicht mehr regelmäßig gebetet hatte. Vielleicht hätte Gott das Wunder, das ich ersehnte, ja bereits vollbracht, wenn ich es getan hätte?

Es war mir so unangenehm, dass mich die christlichen Frauen aus der Nachbarschaft als das ideale Ziel für ihre Predigten und Bezeugungen betrachteten. Da mein Körper ein Wrack war, wollten sie alle meine Seele retten, vornehmlich an Sonntagnachmittagen. Aber auch Männer machten mit: Die gaben mir am liebsten Bibelverse, über die ich bis zum nächsten Treffen meditieren sollte und dann berichten, was sie für mich bewirkt hatten. Meine Mutter, stets sensibel für meine Gefühle, pflegte sich bei diesen Kontakten immer neben mich zu stellen, um mich vor möglichen Kränkungen zu schützen. Es schnitt ihr in die Seele, wenn jemand auch auf Medizinmänner hinwies und damit andeutete, dass er mich für ein verhextes Kind hielt. Sie vertrug diese Art von Unsinn nicht und stand bereit, meine selbst ernannten Prediger sofort zu tadeln, wenn sie vom rechten Pfad abirrten.

8

Als wir den ersten Weihnachtstag feierten, schien die Sonne
von einem klaren Himmel, und es wehte ein sanfter Wind.
Wir Kinder saßen im kühlen Schatten eines *Mukinduri*-Baumes und genossen ein Festmahl. Mein Vater hatte am Morgen,
bevor er zur Kirche ging, ein großes Lamm geschlachtet, da
auch etliche Freunde mit uns feiern wollten. Das Enthäuten
und Braten war meinen älteren Brüdern überlassen worden;
meine Schwestern hatten sich unterdessen damit beschäftigt,
Brot mit Butter zu bestreichen, Chapatis* zu backen und Reis
zuzubereiten. Wir alle trugen neue Kleidung, Vaters Weihnachtsgeschenk. Wie die anderen war ich glücklich über sie,
konnte aber nicht umhin, bekümmert festzustellen, dass sie
meine Magerkeit nicht zu verbergen vermochte und vor allem die weiterhin kurzen Hosen meine Oberschenkel sichtbar
ließen, die nur den Umfang eines Männerhandgelenks hatten.

Während wir Kinder uns mit einer Menge Fleisch, Brot und
Tee unter dem Baum vergnügten, aßen und plauderten die
Erwachsenen im Haus. Mitten in unsere lebhafte, fröhliche
Runde hinein kam von dort auf einmal eine alte Dame zu uns
herüber, um in dem feierlichen Ton, den viele Christen angenommen hatten, den Herrn für das üppige Mahl zu preisen
und uns an den Sinn dieses großen Tages zu erinnern. Danach zitierte sie Verse aus der Bibel, in denen uns geheißen
wird zu glauben, um das ewige Leben zu erlangen. Solches
war in unseren christlichen Haushalten sehr verbreitet und

---

* kleine Fladen aus Mehl, Wasser und Öl

meinen älteren Geschwistern längst langweilig geworden. Da es ihnen zum Hals heraushing, verkrümelten sie sich einfach.

„Warum verlasst ihr uns?", rief ihnen die alte Frau nach, „kümmert ihr euch denn nicht um die Nahrung für die Seele?" Sie beachteten sie gar nicht mehr.

„Tue dir nicht leid, weil du ihnen nicht nachlaufen kannst. In den Augen des Herrn sind wir alle gleich", wandte sie sich an mich.

Eine Weile lang predigte sie mir mit mitleidsvoller und bewegter Stimme, was zu nichts anderem führte, als dass es mich daran erinnerte, wie hilflos ich war und mein Glück selbst an einem Tag wie Weihnachten immer getrübt sein würde, weil mich unweigerlich irgendjemand wie eine Missgeburt heraushob.

Es vergingen Monate, bis ich endlich eine Antwort von meinem Bruder aus Amerika erhielt. Mein Vater brachte mir den Brief und sagte, ich solle ihn lesen und dann berichten, was Njaga geschrieben habe. Nachdem er ins Schlafzimmer gegangen war, um sich umzuziehen, fragte ich Mungai, der neben mir saß, ob er Njagas Handschrift entziffern könne, doch das überschritt auch sein Vermögen so weit, dass er mir nichts Zusammenhängendes wiedergeben konnte.

Als Vater zurückkam, sah er mir an, dass ich nicht imstande gewesen war, den Brief zu lesen. Er nahm ihn mir ab und brachte mir in Erinnerung, wie notwendig es sei, fleißig zu lernen, um nicht in der sehr unglücklichen Welt des Analphabetismus leben zu müssen. Daran, wie er sich die Brille zurechtrückte, konnte ich erkennen, dass er sehr neugierig auf den Inhalt war. Er las ihn allerdings stumm und berichtete meiner Mutter danach nur kurz von den Fortschritten, die Njaga schilderte; auch verlor er kein Wort darüber, dass der Brief eigentlich an mich gerichtet war. Das kränkte mich sehr und stieß mich in eine tiefe Selbstverachtung. Auch wenn sich Njaga mit der Handschrift nicht viel Mühe gegeben hatte – ich konnte nicht genügend lesen!

Am Abend jenes Tages wandte ich mich mit größerer Entschlossenheit dem Lernen zu. Doch bevor Mungai und ich unsere üblichen Lesestunden beenden konnten, wurde das Lampenlicht zu schwach, da unser Paraffin nicht mehr ausreichte. Alle zogen daraufhin zum Kamin hinüber, aber ich stahl mich mit Mungais Hilfe davon, da ich nicht aufgelegt war, die endlosen, in schulmeisterlichem Ton gestellten Fragen meines Vaters zu ertragen, die mich dort erwartet hätten. So hilfreich sie manchmal sein mochten, oft empfand ich sie doch auch als demütigend.

In meinem Zimmer war es ebenfalls dunkel, sodass Mungai kaum sehen konnte, wohin er mich legte. Meine Mutter kam sehr bald nach und fragte mich freundlich, warum ich mich zurückgezogen habe, wo doch das Essen schon fast fertig sei. Ich hätte ihr möglicherweise nachgegeben, wäre mir nicht noch eingefallen, dass das Mahl dieses Abends – harter Mais mit Bohnen, ohne sonstiges Gemüse – ohnehin nicht appetitanregend war. Die Beschämung durch eine weitere Standpauke meines Vaters zum Thema Lernen war es keineswegs wert. „Mama", gab ich vor, „ich fühle mich nicht wohl. Es muss an den Bohnen liegen, die ich heute Nachmittag gegessen habe."

Da sie mir aufgrund meines schwachen Magens glaubte, steckte sie darauf nur noch das Bettzeug zurecht und ließ mich mit meinen Gedanken allein.

Die Tatsache, dass ich einen Brief meines großen Bruders an mich nicht hatte lesen können, wurmte mich tagelang und steigerte zugleich meinen Ehrgeiz, es weiterzubringen. Ich bemühte mich fortan, während der anstrengenden Abendstunden konzentrierter zu arbeiten und meinem kleinen Bruder gegenüber geduldiger zu sein. Papa beobachtete meine Fortschritte so genau wie immer und kaufte alles, was ich dafür brauchte. Mein nun rasches Vorankommen machte großen Eindruck, und ich erhielt auch von der übrigen Familie viel Unterstützung. Bald hatte ich das Geheimnis der Buchstaben so gut erfasst, dass ich während unserer abendlichen Familienversammlungen am Kamin flüssig aus der Bibel vorlesen konnte. Ich saß nicht länger schmollend, in Kummer gefangen dabei, sondern war glücklich, aktiv teilnehmen zu können. Wenn wir beteten, fühlte ich mich nun auch leichter und zuversichtlicher, besonders, wenn meine Mutter das Gebet sprach. Sie erwähnte mich vor Gott immer extra und bat Ihn, mich durch das Leben zu leiten, mir zu helfen und den Mut nicht zu nehmen, wenn ich die Erfolge der anderen sah. Meine neue Fähigkeit verhalf dazu, die Kluft zwischen mir und den anderen Kindern zu überbrücken, und gab mir die Zuversicht, dass ich nicht zu einem Leben in Dunkelheit verdammt war, nur weil ich nie das Innere einer Schule sehen konnte.

Nach rund drei Jahren in Amerika kehrte Njaga zurück. Er war völlig verändert – groß, gutaussehend, mit einem Bart. Die Art, wie er mit unseren Eltern sprach, war sanft und überlegt. Alles in allem machte er mich neidisch, weil er Dinge erreicht hatte, an die ich selbst in meinen kühnsten Träumen nicht kommen würde. Er redete allerdings nicht viel; er wirkte wie ein Mann, der viel im Kopf hat, aber befangen ist. Oft schaute er mit geballter Faust nach unten und sprach, als habe er etwas zwischen den Zähnen, wodurch ich den Eindruck gewann, dass ihn all die Reden und die Aufregung um ihn in Wahrheit zu Tode langweilten. Zusätzlich hob er sich durch seine flotte amerikanische Kleidung von uns ab. Ich beobachtete ihn von meinem Rollstuhl aus in unsagbarer Bewunderung und intensivem Neid. Er dagegen sah mit einem Strahlen zu mir herüber, als Papa ihm stolz von meinen Fortschritten erzählte.

„Er kann jetzt sehr flüssig schreiben und lesen und hat bewiesen, dass er so intelligent wie jeder andere ist. Er kennt auch viele Bibelverse auswendig und kann dir sagen, welche Bücher das Alte und das Neue Testament enthalten und auf welchen Seiten sie zu finden sind!"

Njaga erhob sich und kam zu dem Platz, wo ich mit Mungai und unserer jüngsten Schwester saß, die inzwischen um die drei Jahre alt war. Er kniete sich neben mir nieder, nun mit Bekümmerung in seinem sonst meist freundlichen Gesicht. „Wer unterrichtet ihn?", fragte er. „Als ich ging, konnte er überhaupt noch nichts." Er merkte aber gleich, dass es mich gehemmt und sentimental machte, von ihm so angesehen zu werden. Ich hatte nicht aufgehört, ziemlich verlegen und auch ärgerlich zu werden, wenn ich durch irgendein Verhalten ausgegrenzt wurde. Angesichts meiner Gefühle erhob er sich ohne ein weiteres Wort und entfernte sich einige Schritte. Als er sich kurz darauf eine Zigarette anzündete, konnte ich es kaum glauben – in meinem ganzen Leben hatte ich noch nie jemanden vor meinen Eltern rauchen sehen! Wer immer sonst rauchte, stellte sicher, dass er dies in solcher Entfernung tat, dass nicht einmal der leichteste Geruch bemerkt werden konnte. Aber Njaga war durch seine Auslandserfahrungen jetzt jemand für sich. Während er am Zaun auf und ab schritt, schienen ihn bestimmte Probleme zu beschäftigen, die er nicht lösen konnte. Er wirkte einsam. Es war, als blickte er dem aufsteigenden Zigarettenrauch nach wie einem entweichenden Teil seiner Seele.

Je älter ich wurde, desto deutlicher wurde mir bewusst, wie beeinträchtigt ich war, wie eigentümlich ich im Vergleich zu den anderen aussah und wie viel Großartiges mir vorenthalten blieb.

Einen der Vorfälle, die mich meine Benachteiligung besonders spüren ließen, hatte es eines Samstags gegeben, als an Mungais Schule ein Sportfest stattfand, zu dem er mich gern mitnehmen wollte. Zuerst lehnte Mama mit dem Argument ab, dass es viel zu schwer für einen kleinen Jungen sei, den Rollstuhl den zwei Meilen langen Weg zur Schule zu schieben. Mungai konnte jedoch entgegensetzen, dass Gatheca schon vor einigen Wochen zugesagt habe, dies gemeinsam mit ihm zu tun. Nachdem sie die Sache abgewogen hatte, ging Mama schließlich ins Haus und holte vierzig Cent, damit wir uns unterwegs etwas zu essen kaufen konnten. Da mir die freie Welt draußen so lange vorenthalten geblieben war, war ich begeistert und wartete ungeduldig auf die Stunde unseres Aufbruchs.

Als Gatheca kam, ermahnte Mama ihn eindringlich: „Hilf also Mungai und sieh auch, dass die anderen Jungen nicht mit dem Rollstuhl herumspielen, denn dies könnte gefährlich werden!"

Gatheca nickte und versicherte Mama in ruhigem und Vertrauen erweckendem Ton, dass sie sehr vorsichtig sein würden. Als wir uns auf den Weg machten, sah sie uns von der Haustür aus trotzdem nach, als fragte sie sich bang, warum sie das nur zugelassen habe. Ich befürchtete, dass sie ihren Ängsten nachgeben und uns noch hinterherrennen könnte, um mich eingebildeten Gefahren zu entreißen, doch sie ließ uns ziehen.

Meine Freude an dem Ausflug begann allerdings schon zu verblassen, als sich auf dem Weg Jungen zu uns gesellten, die ebenfalls auf den Sportplatz zusteuerten. Ihre neugierigen Blicke und geflüsterten Bemerkungen verfolgten mich bis zu der Schule. Sie hatten offenbar noch nie zuvor einen Krüppel gesehen. Und dieser Rollstuhl – wie faszinierend!

Als ich mir mit meinen gekrümmten Händen die Nase putzte, kam es mir vor, als würde ich von hundert neugierigen Augen beobachtet. Aber noch Schlimmeres erwartete mich auf dem Sportplatz, wo meine Gegenwart für die Jungen um mich mehr Aufmerksamkeit erregte als die Spiele. Sie schienen plötzlich vergessen zu haben, was sie hierhergeführt hatte, denn sie begnügten sich damit, mich – meine Sicht blockierend – zu umringen und ihre Blicke auf eines der Wunder in ihrem jungen Leben zu heften. Einige begrüßten mich mit *wimwega*, um festzustellen, ob ich real war und antworten konnte. Als Mungai wegging, um bei einem Straßenhändler einige Bananen und Süßigkeiten zu kaufen, starrten sie mich noch unverhohlener an. Es war, als stellte ich für sie ein höchst seltsames fremdes Lebewesen dar.

Ich war erschüttert und fragte mich, warum ich bloß hierhergekommen sei. Von dem Sport konnte ich nicht das Geringste sehen und genießen, weil sie alle vor mir standen und mich begafften!

Selbst als Mungai und Gatheca mich zu einem versteckten Platz brachten, damit ich mich erleichtern konnte, wurde ich verfolgt, da einige Jungen sehen wollten, wie ich das machte.

Ich war nichts als unglücklich: „Mungai, lasst uns bitte nach Hause gehen, dies ist kein Ort für mich. Wenn ich gewusst hätte, wie es werden würde, wäre ich niemals mitgekommen!"

Doch Mungai und Gatheca waren dagegen und meinten, ich solle es leicht nehmen und die Dummheit der Masse ignorieren. Es war ihnen anzumerken, wie gern sie dem Sport weiter zusehen wollten. Schon grub Mungai in der Tasche nach dem restlichen Geld, um mir nochmals Bananen zu kaufen. „Wenn wir noch den Langlauf und den Hochsprung gesehen haben, können wir ja nach Hause gehen", sagte er. „Du weißt doch, unser Cousin Waweru nimmt an dem Hochsprungwettbewerb teil." Die beiden Jungen zeigten sich aufgeregt angesichts des bevorstehenden Ereignisses, wollten jedoch gern auch nett und verständnisvoll mir gegenüber sein.

Unser Cousin Waweru war hochgewachsen und ein guter Allround-Athlet. Er schien mich recht gut zu kennen, obwohl ich mich nicht erinnern konnte, ihn vorher schon getroffen zu haben. Vermutlich hatte sich mein Ruhm schon in alle Winkel des näheren Umkreises verbreitet. Er machte einen sehr freundlichen Eindruck, und wir hatten einen netten Schwatz, bei dem ich vorübergehend meine unbehagliche Situation vergaß. Darauf bedacht, nicht töricht und dumm vor einem solch großartigen Kerl zu wirken, redete ich viel und flocht sogar englischsprachige Bücher ein, wahrscheinlich auch, um gleichzeitig all die Jungen zu beeindrucken, die um mich gedrängt zuhörten. Wir unterhielten uns, bis er aus dem Lautsprecher aufgerufen wurde. Gatheca, der ihn zu unserem Platz gebracht hatte, folgte ihm, um sich den Hochsprung von Nahem anzusehen.

Mit dem Weggang der beiden und dem ganz in den Wettbewerb vertieften Mungai neben mir fühlte ich mich wieder elend. Ich zog mich ganz in mich zurück und verlor mich in Gedanken über mein Schicksal. Mir war, als sei ich mit Hiob aus dem Alten Testament zu vergleichen, den Satan, mit Gottes Einwilligung, mit den vielen Qualen überschüttet hatte, um ihn zu brechen und den Herrn verfluchen zu lassen. Eine der Frauen, die mir gerne predigten, hatte mir über Hiob erzählt und mich gebeten, mir bewusst zu machen, dass er in all den Katastrophen unerschütterlich geblieben und am Ende, nach dem Bestehen seiner schweren Prüfung, von Gott mit reichstem Segen belohnt worden sei. Sie hatte behauptet, dass Satan ähnlich meine Seele versuche, um zu sehen, ob ich Gott verleugnen würde. So sehr ich einerseits die Lektion zu schätzen wusste, so verbitterte sie mich auch. Warum sollte Gott gerade mich dafür ausgesucht haben? Es gab so viele Menschen, unter denen Er diese Krankheit und diesen Kummer hätte aufteilen können. Was Hiob betraf, war der nicht reich und gesund gewesen? Warum sollte ich in demselben Boot wie er segeln müssen, wo ich nichts als einen kranken, deformierten Körper besaß? Ich war so versunken in diese Gedanken, dass ich das Ende der Spiele gar nicht mitbekam und überrascht war, als Mungai und Gatheca zu mir zurückkehrten und erklärten, dass wir nun nach Hause gehen könnten.

Der Rückweg war noch ärger, denn jetzt war eine große Menge von Jungen darauf aus, mich zu sehen zu bekommen. Nachdem die Spiele sie aufgeputscht hatten, schien ich ihnen gut gelegen zu kommen, um die danach entstandene Leere auszufüllen. „Ich wünschte, er gehörte zu meiner Familie", rief ein Junge von Lachen begleitet, „dann würde ich ihn überall herumfahren!" Viele bettelten um eine Chance, mich schieben zu dürfen, um zu erleben, wie sich das Federn und Rumpeln des Rollstuhls in den Armen anfühlte. Wenn es auf der Straße eine Unebenheit gab, die mich durchrüttelte, lachten sie allerdings schadenfroh und riefen, dass das doch richtig amüsant für mich sein müsse. Grausam und unsensibel, wie sie als Bande von kleinen Jungen waren, ließen sie mir keine Ruhe und nahmen nicht die geringste menschliche Rücksicht. Ich fühlte mich auf das Niveau eines bloßen Objekts reduziert, das ihren Durst nach einem Spektakel stillte.

Als wir von der Hauptstraße abbogen, um den Weg zu unserem Haus zu nehmen, folgten uns zu meiner Bestürzung selbst dorthin einige, bloß um mich noch mehr aus der Nähe sehen zu können.

Es ging auf sieben Uhr zu, als wir zu Hause ankamen, an dem Ort meines Friedens. Meine Mama stieß einen Seufzer der Erleichterung aus und sagte, sie sei schon im Begriff gewesen, nach uns zu sehen, da sie Angst bekommen habe, dass uns etwas zugestoßen sei.

In der Sicherheit des Zuhauses verschwieg ich, dass der Ausflug eine einzige schmerzliche Erfahrung für mich gewesen war. Meine älteren Brüder befragten mich zwar eingehend, ob mich irgendwelche Jungen geärgert hätten, um den Betreffenden gegebenenfalls eine Lektion erteilen zu können, aber ich gab vor, dass alles gut verlaufen sei und ich den Tag draußen genossen habe. Innerlich beschloss ich, nie wieder an einen öffentlichen Ort zu gehen. Ich wusste jetzt deutlicher denn je, dass ich in den Augen der Leute eine komische Figur war. Kein anderer sah aus wie ich! Jeder, der mich sah, starrte mich an, und von nicht wenigen wurde ich völlig taktlos behandelt.

Wieder bat ich Gott inständig darum, normal wie jeder andere sein zu dürfen. Wenn ich Ihm etwas angetan habe, das Ihn beleidigte, möge Er es mir vergeben. Die Erfüllung meiner Bitte erlebte ich, wie oft schon, leider nur in dem Traum der darauffolgenden Nacht.

Am nächsten Tag gingen meine Geschwister wie gewohnt zur Sonntagsschule, während meine Eltern eine christliche Versammlung einige Hügel und Täler entfernt besuchten. Ich wurde wieder einmal alleingelassen und hatte unter einem *Mukinduri*-Baum zu warten, aber diesmal war ich einfach nur froh, dass ich meinen Frieden hatte. Die Verspottungen durch diese gefühllosen Jungen fand ich schlimmer als Alleinsein und Einsamkeit.

Meine Eltern kehrten als Erste zurück. Papa setzte sich schwerfällig ins Gras und seufzte: „Oh, war das eine lange Fahrt; es wäre besser gewesen, wenn wir das Motorrad genommen hätten!" Er wusste allerdings, dass Mama der Gedanke zuwider war, darauf befördert zu werden, da es bei ihr Rückenschmerzen verursachte. „Du bist also allein hier", sprach er mich an. „Weißt du, ich denke schon seit einiger Zeit über einen neuen Rollstuhl nach; es gibt welche, die für

Mungai leichter zu schieben wären. Ich werde Mr. Witcomb fragen, ob er mir helfen kann, einen zu bekommen."

Mr. Witcomb war ein Weißer, der mit meinem Vater im selben Laboratorium arbeitete. Er und seine Frau besuchten uns hin und wieder zu Hause und brachten dabei Kekse und Süßigkeiten für uns Kinder mit. Sie luden uns sogar zu Vergnügungsfahrten in ihrem Auto ein, einem VW-Käfer. In jenen spannungsreichen Kolonialtagen war solch eine Freundschaft zwischen einer weißen und einer schwarzen Familie ein ziemlich seltenes Phänomen.

Die Kinder aus der Nachbarschaft fanden es großartig und wünschten sich, in unseren Schuhen zu stecken. Wenn uns Erwachsene vom Straßenrand aus bei einer gemeinsamen Fahrt sahen, blickten sie uns verwundert und verwirrt nach, da Weiße hauptsächlich als Herren galten, die Leute bestraften und inhaftierten, wenn sie nach Freiheit verlangten. Es war das Jahr 1959, vier Jahre vor der Unabhängigkeit. Ich war nun um die zwölf Jahre alt.

Schon am Samstag kamen die Witcombs wegen des Rollstuhls. Es war Abend, wir hatten uns um das Feuer geschart und beobachteten einen riesigen Tontopf, in dem es siedete, als uns durch das Fenster ihre Autoscheinwerfer anleuchteten. Sie traten ins Haus ein und kamen gleich zu unserem Platz herüber, wo wir mit von den Flammen erhellten Gesichtern saßen. Mrs. Witcomb, eine freundliche christliche Frau, nahm meine jüngste Schwester in die Arme und setzte sich dann mit ihr auf dem Schoß hin. Nach einigem netten Plaudern holte sie eine Broschüre hervor und überreichte diese meinem Vater. „Sie enthält ausschließlich Rollstühle, und wie man sehen kann, gibt es viele Sorten. Die Vertreter gaben sie mir, damit wir einen aussuchen können." Nachdem sie die Angelegenheit eine Weile besprochen hatten, sah es zu meiner großen Freude so aus, als sei ihre Wahl auf einen Stuhl mit Eisenrahmen und großen Rädern gefallen. Modelle dieser Art hatte ich schon im Krankenhaus gesehen; sie waren viel bequemer und besser zu manövrieren. Ich stellte mir bereits die Ausflüge vor, die wir mit ihm machen würden. Besonders freute mich auch, dass sich damit meine Wege zur Toilette weit einfacher gestalten würden.

Die Toilettengänge gehörten zu den Dingen, die mich besonders quälten. Ich hatte es wirklich schwer, wenn meine Eltern und die älteren Geschwister nicht da waren und ich nur Mungai und die jüngeren Schwestern um mich hatte. Oft musste ich dann eine ungewisse Zeit lang warten, bis ich mich erleichtern konnte. Neben Mungai hatte nur Mituki die Kraft, mich auf die Toilette zu heben, doch sie hatte am wenigsten Verständnis für meine Zwangslagen und antwortete mir manchmal mit einem unverblümten Nein, wenn ich sie bat, dies für mich zu tun.

Eines Tages, als die beiden draußen spielten, während ich in meinem Stuhl dabeisaß, bat ich Mituki dringend, mir die Urinflasche zu bringen. Da sie überhaupt nicht reagierte, wandte ich mich an Mungai, doch nach einem kurzen Zögern fand auch er es zu hart, das Spiel unterbrechen zu sollen. „Bin ich denn der Einzige, der dir die geben kann? Warum nicht Mituki?" Da saß ich nun, mit zitternden Knien und hervortretenden Tränen.

Irgendwann darauf kam meine ältere, von uns allen gefürchtete und respektierte Schwester Ngoiri mit einer schweren Last auf dem Rücken aus dem Garten. Kaum, dass ihre Stimme zu hören war, stürzte Mituki ins Haus und brachte mir die Flasche. Mir schien, dass beide Angst bekommen hatten, verpetzt zu werden – mein Vater hatte mir gesagt, dass ich es immer berichten solle, wenn ich von Geschwistern gekränkt worden sei.

Ngoiri fragte die beiden zweimal vergeblich, was los sei, bevor sie sich angesichts meiner Tränen in mütterlichem Ton an mich wandte.

„Es ist alles in Ordnung", behauptete ich.

Sie gab sich damit natürlich nicht zufrieden. Mungai, darauf bedacht, seine gute Beziehung zu Ngoiri nicht zu gefährden, gestand ihr schließlich, was er und Mituki falsch gemacht hatten. Als Ngoiri die beiden vor Wut schlagen wollte, trat ich weinend für sie ein, weil ich überzeugt war, dass ich ihre Hilfe gänzlich verlieren würde, wenn ich zuließ, dass sie nach solchem Verhalten bestraft wurden. Furcht und Zwang sah ich als falsch an, weil sie mir damit auf Dauer niemals freiwillig beistehen würden. Ich musste ihr Verständnis gewinnen und unsere Freundschaft fördern, weil ich sie nun einmal brauchte.

Ngoiri verließ uns bald darauf, um auf eine höhere Schule zu gehen. Mein Vater, der wünschte, dass wir Jüngeren ihrem leuchtenden Beispiel folgten, ließ uns nun abends noch mehr über den Büchern schwitzen. Mungai übte mit mir, während Mituki den kleineren Schwestern half.

Ein Jahr später ging Wanjiku als Nächste fort, da sie ihren Standard-8-Abschluss[*] bestanden und einen Platz an einem Lehrerausbildungs-College bekommen hatte. Daraufhin ver-

---

[*] Primarschulabschluss (nach dem 8. Schuljahr)

stärkte mein Vater seinen Druck auf uns derart, dass es kaum noch einen Abend gab, an dem wir den kleinsten Spaß gehabt hätten. Zu einer Erleichterung kam es nur, wenn Besucher im Haus waren, da wir an sie den Tisch und die Lampe abtreten mussten. In dieser Atmosphäre strenger Disziplin machte ich allerdings gute Fortschritte.

Seit seiner Rückkehr aus Amerika war kaum ein Jahr vergangen, als Njaga mitteilte, dass er nach Großbritannien gehen wolle, um dort weiterzustudieren. Meine Eltern gaben ohne jedes Zögern ihre Zustimmung, obwohl sie sich diesmal selbst um die Finanzierung kümmern mussten.

Sie veranstalteten bald darauf eine Teeparty, auf der Spenden für die Flugkosten gesammelt werden sollten.[*] Da mir der freudige Anlass meine Benachteiligung so deutlich bewusst machte, war ich an jenem Nachmittag sehr deprimiert. Die Menge, die bei uns einfiel, verstärkte meine Minderwertigkeitsgefühle noch. So setzte ich mich allein hinter das Haus, entschlossen, mich vehement zu wehren, wenn jemand versuchen würde, mich auf die Seite zu bringen, wo die Leute saßen.

Ich wurde aber nicht vergessen: Die bedienenden Frauen und Mädchen kamen immer wieder zu mir herüber, um mir weitere Schnitten zu geben und Tee nachzuschenken. Dieser führte natürlich zu dem Problem, dass ich auf die Toilette musste. Ich wollte es mir auf keinen Fall anmerken lassen, doch meine Mutter, die an jenem Nachmittag emsig wie eine Biene war, erkannte im Vorbeieilen, dass ich mich unbehag-

---

[*] Veranstaltungen solcher Art – Harambee genannt – werden in Kenia aus vielen sozialen Anlässen organisiert.

lich fühlte. Als sie kurz zu mir herüberkam, um zu erfahren, was mich bedrückte, log ich: „Bloß die heiße Sonne."

„Möchtest du, dass ich dich in den Schatten schiebe?", fragte sie. Da ich nichts darauf erwiderte, erriet sie mein Problem und schickte daraufhin gleich meine Schwester Wanjiku zu mir. Ich wusste, dass Wanjiku die Aufgabe, mich zur Toilette zu bringen, genauso wie die jüngeren Geschwister hasste, behauptete aber vor allem aus Angst davor, an den Leuten vorbeizumüssen, dass es mir gut gehe. Schon schoss sie auch wieder davon; schneller als ein Bumerang, dachte ich bei mir.

Als meine Mutter im Gespräch mit einer Frau etwas später wieder in meine Nähe kam, erkannte sie bei einem Blick zu mir herüber, dass es mittlerweile noch schlimmer für mich geworden war. Sie entschuldigte sich bei ihrer Begleiterin und ging es nun so direkt an, dass ich ihr mein Schwindeln aufgrund der großen Angst vor den Leuten gestand. Während sie mich danach trotz meines Protestes an den Gästen vorbeischob, war mir wirklich, als würde ich in meiner jämmerlichen Situation von Millionen spöttischer Augen beobachtet. Aber als sich die Tür der Toilette hinter uns schloss, war ich meiner Mutter, die immer so gut für mich sorgte, derart dankbar, dass ich fast geweint hätte.

„Versuche nie, irgendetwas vor mir zu verbergen", flüsterte sie eindringlich. „Ich will als deine Mutter doch, dass du genauso glücklich wie die anderen bist! Meine Beine sind deine Beine, meine Arme deine Arme!" Bei diesen lieben Worten strömten die zurückgehaltenen Tränen aus mir heraus.

Njaga, dessen Ziel eine Karriere als Journalist war, gab mir kurz bevor er wieder ins Ausland ging Ratschläge für mein

Weiterkommen: Ich solle gut Englisch lernen, da es mir die Chance gebe, eines Tages Geld damit zu verdienen, dass ich ebenfalls Artikel schriebe. Am besten läse ich alles, was ich in Kikuyu, Kisuaheli und Englisch nur zu fassen bekäme.

Seine Worte gaben mir immer Hoffnung. Ich erkannte, was er mir hier auch grundsätzlich sagen wollte: Dass ich, wenn ich mich geistig weiterentwickelte, die Hindernisse überwinden könne, die mir meine körperliche Beeinträchtigung auferlegte. Es erschreckte mich, als ich plötzlich das Motorrad unseres von der Arbeit heimkehrenden Vaters hörte. Njaga fuhr unbeeindruckt mit dem Thema fort, während ich es nun lieber gewechselt hätte – wusste ich doch, dass sich Vater, wenn er uns in einem Gespräch übers Lernen vorfände, mit vehementer Leidenschaft an es anschließen würde.

Er, einziger Junge im Hause seiner Mutter und einer der jüngsten Söhne eines polygamen Vaters, hatte es unter großen Entbehrungen erreicht, ‚das Wissen des weißen Mannes' zu erwerben. Seine Eltern waren wie die meisten ihrer Zeit misstrauisch gegenüber der Erziehung der Weißen und wollten, dass er zu Hause bliebe und das Vieh hütete. Mein Vater war jedoch fest zum Lernen entschlossen: Er lief zu einer Missionsschule davon und finanzierte sich damit, dass er vor Unterrichtsbeginn, im Morgengrauen, und an den Abenden auf der Farm der Mission arbeitete. Nach dem Standard-8-Abschluss wäre er wegen seines guten Abschneidens an der Alliance High School* aufgenommen worden, aber er fand keine Möglichkeit, das Schulgeld dafür aufzubringen. In seiner großen Enttäuschung nahm er den nächstbesten Kursus

---

* eine bis heute sehr renommierte höhere Schule in Kenia

an – im Gesundheitsdienst. Trotz der diskriminierenden kolonialen Praxis erarbeitete er sich darin seinen Weg nach oben und wurde bald Leitender Labor-Assistent, was ungefähr das Höchste war, wozu er unter den seinerzeit herrschenden Bedingungen aufsteigen konnte. (Er blieb in dieser Position bis zum Tage seines Ausscheidens aus dem Arbeitsleben.) Er war also ein Mann, der es durch reine Willenskraft zu etwas im Leben gebracht und wenig Geduld mit Schwächlingen hatte. Für ihn hatte jeder auf der Welt ein Handicap, das er mit seinem eigenen Schweiß überwinden musste – Selbstmitleid durfte nicht sein! Wenn er mich härter antrieb als die anderen, geschah dies nur, weil ich es durch mein schwereres Handicap nötig hatte, mich mehr als sie anzustrengen.

Vater kam mit der Zeitung in der Hand zu uns herauf und hörte im Stehen Njagas Worten zu. Ich schwitzte vor Angst, dass er plötzlich mit einer Schimpfkanonade loslegen würde, bei der er mich beschuldigte, nicht hart genug zu arbeiten. Offenbar aber bemerkte er meine Nervosität, denn nach Njagas Ausführungen lächelte er wohlwollend und sagte in freundlichem Ton: „Er hat vollkommen recht. Es gibt keinerlei Grund, warum du nicht all das lernen und tun solltest, nur weil du nicht zur Schule gehen kannst! – Nun aber möchte ich deine Meinung zu etwas anderem hören, Njaga." Er reichte ihm ein Blatt Papier und nutzte die kleine Pause, um seinen Helm und die Schutzbrille abzunehmen. Njaga nickte.

„O ja. Ich denke, der ist gut für ihn!"

„Meinst du wirklich?"

„Ja!"

Als Njaga das Blatt zurückgab, konnte ich flüchtig einen

Rollstuhl sehen, und bei dem, was Vater dann sagte, tat mein Herz einen Sprung:

„Ich werde schon morgen dorthin gehen und alles prüfen, denn er soll ihn nun möglichst schnell bekommen. Die Dinge werden damit für alle viel einfacher!"

Die Aussicht, bald aus meinem inzwischen ziemlich heruntergekommenen Holzstuhl ausziehen zu können, versetzte mich in fiebrige Erwartung und Vorfreude. Ich wusste nicht, ob ich lachen oder weinen sollte. Um meinem Vater zu danken und ihm zu sagen, wie glücklich ich sei, fehlten mir die richtigen Worte. Ich war ein streng erzogenes Kind mit großen Hemmungen, meine Gefühle gegenüber denen zu zeigen, die älter als ich waren, besonders aber ihm gegenüber. Der neue Stuhl wurde zum Hauptgesprächsthema im Haus. Jeder wollte von mir wissen, was für einer es sein werde, und ich ließ da meiner Begeisterung freien Lauf. Wanjiku wollte, aus Gründen, die nicht zu schwer zu erraten waren, wissen:

„Wirst du ihn selber fahren?"

„Natürlich. Überallhin – sogar in die Geschäfte!"

Ich konnte ihr sofort ansehen, dass sie erleichtert war und sich nicht minder freute: Mit einem Rollstuhl wie diesem würde ich weit weniger eine Plage sein.

Aber wie sehr hatten wir Unrecht!

Als er an einem Montag ins Haus gebracht wurde, stellte er sich als eine herzzerreißende Enttäuschung heraus. Er war überhaupt nicht das, was ich erwartet hatte! Außer, dass er etwas gepolstert und mit vorteilhafteren Rädern ausgestattet war, schien er letztlich nicht besser als der erste zu sein. Der Rollstuhl, von dem ich geträumt hatte, war einer, mit dem ich mich alleine, ohne Hilfe, von einer Stelle zur anderen bewegen konnte, doch auch dieser neue musste geschoben werden. Welchen Fehler hatte mein Vater da bloß gemacht?

Vor dem Abendessen versuchte ich, am Tisch in einem Buch auf meinem Schoß zu lesen, aber ich konnte mich vor Ärger nicht konzentrieren. Mein Vater, der seitlich von mir auf seinem angestammten Stuhl mit dem federgefüllten Kissen saß, sagte zu meiner Mutter, als sie sich nach dem Aufsetzen des Essens zu uns gesellte: „Es ist ein Schlag für uns, dennoch hoffe ich, dass er sich vielleicht doch noch bezahlt macht. Sie kamen mir dort freundlich entgegen, indem ich nur hundert Schilling anzuzahlen brauchte und den Rest in dreizehn Raten zu je fünfzig begleichen kann." Ohne mir dessen bewusst zu sein, hob ich meinen Kopf und blickte ihn mit dem ganzen Hass an, den ich auf den Rollstuhl hatte. Als er nach einem tiefen Seufzer merkte, dass ich ihn verbittert ansah, bellte er mich an: „Wobei hörst du hier zu? Hast du nicht ein Buch zu lesen?" Ich senkte den Blick wieder auf meinen Schoß. Der Stuhl hatte ihn also auch noch in Schulden getrieben! Die waren wirklich sehr ungerechtfertigt, in meinen Augen reine Geldverschwendung.

In den darauffolgenden Tagen schaffte ich es jedoch, meine Enttäuschung hinunterzuschlucken, und schließlich musste ich zugeben, dass der neue Rollstuhl in manchem schon eine Verbesserung darstellte. Mituki und Mungai genossen es, mich mit ihm herumzuschieben, da er viel weniger im Matsch oder in grobem Kies stecken blieb. Es machte ihnen, bevor der Reiz des Neuen verflog, so viel Spaß, dass sie im Schwung manchmal nur mit knapper Not Bäume und Mauern verfehlten und mir dadurch um ein Haar weitere Verletzungen zugefügt hätten.

Nicht lange danach kam ein Brief, in dem Njaga mitgeteilt wurde, dass er in London willkommen sei. So beglückend diese Nachricht war, belastete sie meinen Vater doch, da er noch nicht genug Geld für die Reise zusammenhatte. Aber wie immer, wenn es um die Förderung seiner Kinder ging, hielt er sein Versprechen, zu helfen, indem er sich eine Lösung einfallen ließ. Zwei meiner Brüder, Ndungu und Waweru, die inzwischen außer Haus lebten und als Angestellte bei der Organisation für ostafrikanische Gemeinschaftsdienste ein Einkommen hatten, brachten auf seine Bitte hin das restliche Bargeld für den Flug und das Allernotwendigste auf. Njagas nun gesicherter Studienaufenthalt versetzte meinen Vater in eine so gute Stimmung, dass es daheim eine Weile sehr entspannt zuging. Seinen Wunsch, dass wir weiter fleißig seien und dem Beispiel unseres großen Bruders folgten, äußerte er nur in sehr freundlichem Ton. Ich fragte mich natürlich, wie weit ich alldem jemals nachkommen könnte.

Als habe er meine Gedanken gelesen, meinte Vater auf mich deutend:

„Er kann sehr viel erreichen, wenn er sich wirklich auf seine Studien konzentriert und kein Selbstmitleid zulässt! Sofern er einmal nicht weiterkommt, bin ich ja immer da, um ihn zu unterstützen."

Er wollte mich damit genauso geliebt und erwünscht fühlen lassen wie seine anderen Kinder.

An einem Tage im September 1959 flog Njaga nach London ab. In meinem Neid sah ich ihn ungnädig an, als er mir sein altes Nylonhemd anbot, welches er an jenem Morgen noch getragen hatte. Nun, in seinem dreiteiligen Anzug aus Amerika, sah er sehr gut aus. Es kamen Freunde und Verwandte, um ihn zu verabschieden. Diejenigen, die eine Fahrgelegenheit hatten, begleiteten ihn zum Flughafen, die Übrigen blieben noch eine Weile bei uns, bevor sie sich wieder verstreuten.

Nachdem Njaga abgereist war, fühlte ich mich so leer, dass ich hätte weinen mögen. Er hatte mir viel Liebe gezeigt und eine Menge Inspiration und Ermutigung gegeben. Seine Art, an meinen Fall heranzugehen, unterschied sich sehr von der üblichen: Er beriet mich behutsam, ohne Schroffheit und Strenge oder, was noch schlimmer war, das selbstgerechte Mitleid so vieler anderer.

In der Nacht nach seinem Abflug schlief ich kaum, erfüllt wie ich war von Gedanken an seine Erfolge und beschäftigt mit der Frage, wie es um meine eigenen Aussichten stand. Am Ende meiner Grübeleien beschloss ich, zu versuchen, wie er zu werden: Ich würde solange lesen und immer wieder lesen, bis ich durchgekommen wäre!

Bald wurde in der Nachbarschaft verbreitet, dass mein Vater eine Menge Geld besäße und es sich deshalb leisten konnte, seinen Sohn zweimal hintereinander in ein fremdes Land zu schicken. Papa schenkte diesem neidischen Gerede jedoch keine Beachtung, wusste er doch, dass er alles nur durch seine Anstrengungen und die Liebe zu seinen Kindern erreichte.

9

Im selben Jahr, 1959, wurde die Unabhängigkeit zum großen Thema im ganzen Land. Die Regierung hob im November den Notstand und damit die entsetzliche Ausgangssperre auf, die seit Oktober 1952 von der Abenddämmerung bis zum Tagesanbruch bestanden hatte. Die Leute waren überglücklich, nun endlich wieder ein normales Leben aufnehmen zu können. Täglich appellierte das Radio an die Kämpfer, die sich noch im Wald verborgen hielten, herauszukommen und sich zu stellen, da *Uhuru** nahe sei.

Ich wusste zunächst nicht, was *Uhuru* bedeutete – ich nahm an, es sei so etwas wie Weihnachten, mit vielen Festessen, Liedern und Tänzen. Es kamen nun zahlreiche afrikanische Führer aus dem Dunkel heraus zu Bedeutung und hielten riesige Versammlungen ab, bei denen sie versprachen, viel Wunderbares für die Menschen zu tun. Die Leute hörten ihren Reden in Scharen zu, während ich mich damit begnügen musste, die Neuigkeiten aus zweiter Hand zu erfahren. Für mich blieb die Unabhängigkeit ein lebhaftes Gerücht, das im Winde um mich herumwehte. Da einige meiner Geschwister bereits das Haus verlassen hatten und fast alle anderen tagsüber in der Schule waren, musste ich mich weitgehend alleine mit den Neuigkeiten herumschlagen.

Eines Abends, als wir am Kamin dem Distrikt-Sender lauschten, wurde meine Aufmerksamkeit plötzlich hellwach, denn der Sprecher verkündete:

„Und das Wichtigste ist, dass wir all die Brüder und

---

* Unabhängigkeit, Freiheit

Schwestern nicht vergessen werden, die zu Krüppeln geworden sind. Wir müssen Schulen und Rehabilitationszentren für sie bauen, damit sie morgen nützliche Bürger sein können!"

Meine Mutter hüpfte fast vor Freude. „Hast du das gehört? Sie wollen den Verkrüppelten helfen, wenn *Uhuru* kommt!"

Ich konnte aber nicht umhin, mich zu fragen, was mir *Uhuru* schon bescheren mochte, wo mir bisher doch niemand hatte helfen können. Zugleich war in mir noch immer die Hoffnung auf ein Wunder – meine Mutter hatte ja gesagt, dass Gott alles, was uns geschehe, wisse und niemals jemanden aufgeben werde.

Uhuru hin oder her, in meinen Studien ließ ich jedenfalls nicht nach. Es fehlte mir auch nie an Lesestoff, zu dem noch die Zeitungen kamen, die mein Vater täglich an mich weiterreichte. Von allen Büchern liebte ich am meisten die Bibel, da sie so voll von denkwürdigen, Hoffnung und Trost spendenden Versen war. Ich mochte besonders die Psalmen, die meiner Qual eine Stimme verliehen, prägte mir aber auch Korinther 13, Johannes 3, Matthäus 5 und noch weitere Kapitel ein. Meine Familie schenkte mir viel Ermutigung, im Besonderen mein Vater, der sehr gern auch darauf hinwies, dass ich durch ihn das Lesen gelernt hatte. Da es sonst nirgendwo um uns ein Kind gab, das zu Hause unterrichtet wurde, war mein Fall in der Gegend einmalig und erstaunte alle, die davon erfuhren. Für mich erweiterten die Bücher, genau wie Njaga gesagt hatte, den Horizont enorm – die Welt kam mir durch sie wie ein Ball vor, den man in der Hand halten konnte. Mein Körper mochte an einen Rollstuhl gefesselt sein, mein Geist bewegte sich auf Flügeln!

Doch wenn meine Augen vom Lesen und Wiederlesen müde geworden waren, traten oft große Langeweile und ein Gefühl von Verlorenheit auf. Die reale Welt beschränkte sich für mich auf das, was sich zu Hause gerade vor mir befand: die Gegenstände im Zimmer, das Gras unseres Grundstücks mit seinen im Wind flatternden Unkräutern, die Zedern, die es umsäumten, einen von Ratten ausgetretenen Pfad, die Nester in den Bäumen. Da ich hier jede kleinste Einzelheit kannte und es in meiner monotonen Welt kaum etwas Weiteres kennenzulernen gab, fiel mir in diesen öden Phasen manchmal nichts Besseres ein, als Dinge wie herabgefallene Blätter zu zählen.

Als wir Fallen für die – bei uns zahlreichen – Ratten einführten, konnte ich dann doch einige aufregende Momente erleben. Wir schafften es, bis zu vier am Tag zu fangen, und machten damit meiner Mutter eine große Freude, weil die Biester vorzugsweise in ihren Getreidespeicher eindrangen. Irgendwann kam mir auch der Gedanke, dass wir wie unsere Nachbarn Blumen ums Haus pflanzen sollten, um es hübscher zu machen. Darauf schickte ich meine jüngeren Schwestern mit dem Auftrag hinüber, einige von ihnen zu erbitten. Nachdem sie mit verschiedenen Sorten zurückgekehrt waren, grub ich Löcher mit einem Stock, den ich immer wie einen Fetisch mit mir führte – und den niemand ohne meine Erlaubnis anfassen durfte –, und sagte ihnen, wie sie sie einpflanzen sollten. Seither kümmerte ich mich auch darum, dass sie die Blumen regelmäßig begossen.

Dank meines intensiven Lernens konnte ich eines Tages meinem Bruder Njaga einen Brief auf Englisch schreiben. Er antwortete mir sogleich und fragte nach, ob ich das allein fertiggebracht habe. Mein Vater freute sich sehr über meine Leistung – trug mir prompt aber auch auf, nun regelmäßig meine kleinen Schwestern zu unterrichten, die noch nicht zur Schule gingen. Als ich dies schon früher einmal versucht hatte, waren sie unruhig und widerspenstig gewesen; sie wollten viel lieber herumlaufen und spielen. Ich hatte zwar mit ihnen geschimpft und ihnen gedroht, sie mit meinem Stock zu schlagen, doch ihnen war klar geworden, dass ich letztlich harmlos war. Nun, da wir den Unterricht wieder aufnahmen, verhielten sie sich nicht weniger unwillig und machten wie zuvor einfach einen weiten Bogen um mich, wenn ich den Stock schwang. Die Stunden kamen schnell zum Erliegen.

„Du unterrichtest sie nicht! Glaubst du, ich merkte das nicht?", schimpfte mein Vater. Als ich darauf nur auf den Boden starrte, weil ich sie nicht verpetzen wollte – sie konnten sich ja revanchieren, indem sie mir nicht mehr die Urinflasche brachten –, rief er in gesteigertem Zorn:

„Hörst du mir nicht zu? Warum unterrichtest du deine Schwestern nicht, wie ich es dir auftrug?"

„Sie wollen nicht lernen", sagte ich bedrückt.

Für meinen Vater kam dieser Unwille fast einem Frevel gleich.

„Was genau wollen sie nicht lernen?"

„Sie laufen schon weg, wenn ich ihnen auch nur eine einfache Frage stelle."

Mehr brauchte mein Vater nicht zu hören. Er hatte ein Mittel gegen diese Art von Ungehorsam: einen Riemen, den er immer verfügbar hielt. Meine Schwestern schrien auf, als dieser auf ihre Beine und Hinterteile sauste, und sicherten

Vater in schrillem Jammerton zu, von jetzt an hart zu lernen.

„So, wirklich?", fauchte er und versetzte nochmals ein paar Hiebe.

„Wir werden es! Wir werden hart lernen!"

Es war ein hysterischer Abend, doch die Sache schien nun eingerenkt zu sein. Entscheidender für das Verhältnis zwischen dem Lehrer und seinen drei Schülerinnen sollte jedoch ein neuer Faktor werden, der bald danach ins Spiel kam.

Am Morgen nach der harten Dresche saßen wir für den Schreibunterricht bei sehr heißem Wetter vor dem Haus. Nachdem ich von meinem Vater eine Lektion in Gewaltanwendung gelernt hatte, schlug ich meinen Schwestern nun jedes Mal mit einem Bleistift auf den Kopf, wenn sie mir zu langsam waren. Sofort darauf sah ich Tränen in ihren Augen schimmern, gleichzeitig finsteren Hass aus ihnen blitzen. Als einer von ihnen echte Tränen über die kleinen Wangen kullerten, überkam mich aber doch Reue, und ich gelobte mir, ihnen so etwas nie mehr anzutun.

Allmählich näherte sich die Sonne dem Zenit. Um aus der unerträglich werdenden Hitze zu kommen, bat ich die drei, mich an eine schattige Stelle zu schieben; doch da zeigten sie mir ihre aufgestaute Wut: Sie verließen die Szene einfach und blickten dabei mit hämisch verzogenen Mündern über ihre Schultern zurück, um sich an meiner Reaktion zu weiden. Aber ich hatte es über die Jahre gelernt, mein Gesicht zu einer Maske zu machen, wenn ich mich enttäuscht fühlte, und konnte so nun den Anschein erwecken, dass mich die unbarmherzige Hitze nicht besonders kümmerte. Da nicht die kleinste Wolke auftauchte, die eine Erleichterung geschenkt hätte, brannte mir die tropische Sonne in Wirklichkeit schon bald schlimm auf der Haut und ließ mich entsetzlich schwitzen. Doch selbst als ich mich schon ganz benommen fühlte, wie einem Sonnenstich nahe, lehnte ich es ab, um Hilfe zu rufen.

Ich kann mich nicht richtig erinnern, wie ich auf die Idee kam; plötzlich jedenfalls umgriff ich fest meinen Stock und stieß ihn mit allen in meinen Armen noch verbliebenen Kräften gegen die grasbedeckte Erde. Die Räder drehten sich einmal …, zweimal …, dreimal. Mit jeder Umdrehung wurde es etwas leichter, und langsam kam ich so zu dem nächstgelegenen schattigen Platz. Als meine Schwestern, die hinter dem Haus gespielt hatten, auf meine Seite zurückkehrten, rissen sie den Mund auf vor Erstaunen, mich still im Schatten meine Kisuaheli-Bibelausgabe lesen zu sehen.

Meine Selbsthilfe bewirkte einen echten Wendepunkt in unserem Verhältnis: Sie wurden mir gegenüber geduldig und höflich, bewiesen mir Vertrauen und halfen mir, wann immer ich es brauchte, und meine Urinflasche leerten sie seither, ohne Widerwillen zu zeigen. Umgekehrt war ich nur noch freundlich zu ihnen und wandte niemals mehr Gewalt an. Wenn ich Durst bekam, kam ich ihnen entgegen, indem ich ihn solange ich nur konnte unterdrückte, um sie möglichst selten mit den Folgen stören zu müssen.

Das eigentlich kleine Ereignis bildete für mich einen bedeutenden Meilenstein. Nach den vielen Jahren völliger körperlicher Hilflosigkeit hatte ich mich ganz *allein fortzubewegen vermocht!* Ich übte das Vorwärtskommen mit dem Stock weiter und wurde darin ein ziemlicher Experte. Es schenkte mir mehr Selbstständigkeit und reduzierte die Vorfälle, die meinen Stolz verletzten.

Trotzdem trat ich düster gestimmt ins Teenageralter ein, mit dem verzweifelten Gefühl, an einem Rennen teilzunehmen, das weit über meinen Kräften lag. Wenn ich es mir jetzt genauer besah, erschien mir mein Leben völlig sinnlos, wie eine Beleidigung für die Menschheit und mich selbst. Die Zukunft sah ich nur erfüllt von Niederlage, Scham und Qual vor mir.

Meine Trübsinnigkeit und Mutlosigkeit steigerten sich noch, als Anfang 1960 meine zweitjüngste Schwester eingeschult wurde. Ich erwartete ja nicht, dass sie auf immer bei mir zu Hause blieb, aber es deprimierte mich so, dass ich einen Monat lang überhaupt nicht zu lesen vermochte. Was sollte mit mir nur werden? Alle ließen mich zurück – ich sah schon vor mir, wie ich eines Tages ganz allein und hilflos in der Welt sein würde.

Mungai, mein jüngerer Bruder, der mir so nahegestanden hatte, war bereits in Standard 5* gelangt und unterhielt sich schon jetzt immer weniger mit mir, weil uns kaum noch Gemeinsamkeiten verbanden.

Im selben Jahr machte Wanjiku ihren Abschluss am Lehrerausbildungs-College und kehrte nach Hause zurück, wo mein Vater sie als neues gutes Beispiel hinstellte, wann immer er uns einen Vortrag über die Übel der Faulheit und die Früchte harter Anstrengungen zu halten gedachte. Sie brachte mir ein paar englischsprachige Kurzgeschichten-Bücher mit, damit ich meinen Wortschatz erweitern konnte, aber bei eventuellen Verständnisschwierigkeiten wollte sie mir auch weiterhelfen. Bald nach ihrer Heimkehr bekam sie eine Stelle an einer

---

* die fünfte Primarschulklasse

etwa drei Meilen entfernten Schule. Da diese an keiner Buslinie gelegen war, musste sie den Weg hin und zurück zu Fuß gehen, was sie sehr ermüdete.

Eines Tages war meine Mutter fort, um Schulgebühren zu bezahlen. Sie hatte ein Bad genommen, ein frisches Kleid angezogen und sich vor ihrem Aufbruch noch vergewissert, dass alles in Ordnung war und mir kein Schaden zustoßen konnte.

„Ich werde dich mit Njeri und Nduta vor dem Haus lassen", sagte sie. „Es sieht heute nach einem sehr schönen Tag aus, und so bin ich sicher, dass es dir gut gehen wird. Die Kuh, die du fürchtest, habe ich eingesperrt, damit sie dich nicht beunruhigen kann."

Als Mutter fort war, nahm ich mir eines der neuen englischen Bücher vor, fühlte mich aber wie immer, wenn ich sie nicht erreichen konnte, etwas unbehaglich. Würde nun irgendetwas passieren, hätte ich nur meine zwei kleinen Schwestern da, die inzwischen mit einem Spiel beschäftigt waren, zu dem sie Sodomsäpfel* benutzten.

Schließlich war ich doch so vertieft in die Lektüre, dass ich die Veränderung des Windes zunächst nicht bemerkte. Der wurde schon bald so stark, dass er die auf der Erde liegenden Blätter wild herumwirbelte. Ich schaute besorgt zum Himmel und erkannte mit einem sehr flauen Gefühl, dass sich meine Mutter mit dem Wetter geirrt hatte: Es sah ziemlich nach einem Sturm aus.

Die beiden Mädchen hielten in ihrem Spiel inne und sahen ebenfalls ängstlich nach oben. Der weiter zunehmende Wind rüttelte bald wie ein böser Geist am Dach und ließ die Zedern

---

* tomatenähnliche Beeren einer giftigen Nachtschattenpflanze

unter seiner Wucht knacken und sie ganze Bündel von Nadeln verlieren. Innerhalb kürzester Zeit war der Himmel mit dunklen Wolken bedeckt. Ich stieß aufgeregt den Stock in die Erde, um mich auf die Flucht zu machen, aber meine Schwestern eilten schnell herbei und schoben den Rollstuhl zur Windschattenseite des Hauses. Kaum waren wir unter dem Dachvorsprung angelangt, fielen die ersten schweren Tropfen.

Es kam mir der Gedanke, dass ich, wenn sie stark schöben und ich gleichzeitig meinen Stock einsetzte, vielleicht über die Treppe ins Haus kommen könnte. Die Mädchen willigten ein, es zu probieren, und brachten mich zu den Eingangsstufen.

Während wir verzweifelte Versuche unternahmen, die Vorderräder auf die erste Stufe zu bekommen, wurden wir bereits stark durchnässt. Bald schon war mir klar, dass sich das Vorhaben nicht durchführen ließ. Wäre der Rollstuhl dabei gar umgekippt, hätten meine Schwestern weder diesen aufrichten noch mich aufheben und zu einem Unterstand tragen können. Ich wäre im Regen liegen geblieben. So forderte ich sie auf, die Aktion zu beenden und mich zur Windschattenseite zurückzuschieben.

Bevor sie ins Haus gingen, bat ich Njeri, mir ein Stück Segeltuch hinauszubringen und damit meine Vorderseite zu bedecken, die dem mittlerweile peitschenden Regen ausgesetzt war. Nachdem sie dies wie gewünscht getan hatte, war ich der dunstigen Naturgewalt allein überlassen. Ich dachte über Leben und Tod nach und fragte mich, ob ich wohl in den Himmel aufsteigen würde, wenn ich in diesem Sturm stürbe. Ja, sagte mir meine innere Stimme, du bist nur körperlich verkrüppelt, deine Seele hat keinen Makel. Du glaubst doch an Gott und betest regelmäßig zu ihm. Den Kopf tief unter das Segeltuch gesteckt, betete ich nun darum, dass Mutter nach Hause eilen und mich retten möge.

Ich muss dort länger als eine Stunde gesessen haben. Die Kälte war fast unerträglich geworden; es traten schon die ersten Erkältungssymptome auf. Da hörte ich Schritte – meine Gebete schienen erhört worden zu sein. Als ich mich umwandte, sah ich Wanjiku, nach ihrem langen Weg völlig durchnässt und mit aufgeweichter Schultasche.

Sie starrte mich entsetzt an. „Wie – was?" Angesichts meiner Situation bekam sie Tränen in die Augen, aber sie handelte dann umgehend und brachte mich ins Haus. Als wir in die Küche kamen, sahen wir Njeri und Nduta unschuldig auf einer Holzbank schlafen. Wanjiku, die es noch nötiger brauchte als ich, machte ein großes Feuer und zog uns beide um.

So gut das Erlebnis ausgegangen war, empfand ich es als einen Rückschlag, denn es hatte klargemacht, dass ich bei unsicherem Wetter nie für längere Zeit außerhalb des Hauses gelassen werden konnte, wenn kein Erwachsener in erreichbarer Nähe war.

Im selben Jahr, 1960, geschah es, dass ich unserer Tradition gemäß zum Mann wurde.

Eines Sonntags im April kam mein Bruder Waweru zu Besuch, mit Süßigkeiten für uns Jüngere in der Tasche. Ich war gerade mit Mungai und einem Handwerker zusammen, der befristet von meinem Vater beschäftigt wurde, als er lächelnd auf uns zukam und mit seiner Gestik zeigte, dass er uns etwas zu sagen hatte – etwas Interessantes:

„Wisst ihr, dass am Mittwoch Kimani zu euch kommt?"

Kimani war sehr bekannt, insbesondere unter den Jungen – wir wussten sofort, wovon er sprach.

„Wer sagte das?", fragte ich und versuchte, dabei nicht die geringste Spur von Angst erkennen zu lassen. Mungai, für den das Treffen mit diesem Mann ebenfalls vorgesehen war, blickte wie in tiefem Nachdenken nach unten. Bei früheren Gesprächen über das Ereignis – die Beschneidung – hatte er immer groß gesagt, dass er mutig durch die Tortur gehen werde, um Leuten wie Gatheca, der sie schon hinter sich hatte, zu zeigen, dass er ein *mundurume*, ein tapferer Gentleman sei. – Im Weggehen noch schaute Waweru amüsiert drein.

Als der Abend näherrückte, sahen wir Gatheca und seinen Bruder von einem Einkauf kommen. Wir freuten uns sehr über das Wiedersehen, da wir uns einige Zeit nicht getroffen hatten. Nun konnten wir ihm auch gleich die interessante Neuigkeit erzählen. Da mich sein Bruder, der mich nur flüchtig kannte, unablässig von Kopf bis Fuß ansah, wurde meine Euphorie allerdings etwas gedämpft. Bei Gesprächen mit Gatheca allein fühlte ich mich dagegen immer wohl, weil er unsere körperlichen Unterschiede nie beachtete.

„Es wird am Mittwoch sein – von da an werden wir uns gegenseitig Männer nennen können!", sagte ich. Gatheca strahlte und klopfte mir lachend und gratulierend auf den Rücken. Mungai, noch immer beunruhigt angesichts der kommenden Tortur, nahm ihn beiseite, um über eine andere Angelegenheit zu sprechen.

Wenn ich in diesem Augenblick überhaupt Angst hatte, so aus einem völlig anderen Grund: Munge, unsere wilde und unberechenbare Kuh, war ganz in der Nähe angebunden. Ich fürchtete mich ständig vor ihr, weil ich davon überzeugt war, dass sie mich leicht töten konnte, zu Ende bringen, was sie als Kalb an mir begonnen hatte. Sie hatte schon mehrmals den Strick zerrissen und war mit hochgestelltem Schwanz umhergerannt. Während ich sie unruhig zerren sah, begann mein Herz vor Angst zu rasen.

In besonders schlimmer Erinnerung war mir ein Tag, an dem ich mit meinen kleinen Schwestern Mumbi und Njeri im Haus zurückgeblieben war und sie mich nach einiger Zeit verlassen hatten, um zu unserer Großmutter hinüberzugehen. Auf ihrem Rückweg sah Munge die beiden Mädchen und raste sofort auf sie zu. Sie schrien vor Angst auf und blieben wie gelähmt stehen. Der Strick um ihren Hals stoppte die Kuh dann so jäh, dass sie mit einem gewaltigen Krachen der Länge nach ins Gras fiel. Binnen Sekunden aber war sie schon wieder auf den Beinen und versuchte sich erneut hinter meinen Schwestern herzumachen. Deren Schreie machten mich fast wahnsinnig, da ich überhaupt nicht helfen konnte. Ich schrie einfach nur mit. Das neue Seil, das meine Mutter besorgt hatte, konnte Munge nicht zerreißen, aber sie schaffte es nun wahrhaftig, den Pfosten herauszureißen, an den sie angebunden war, und so die Mädchen wirklich zu verfolgen. Den mörderischen Hörnern entgingen sie nur, weil sie gerade noch schnell genug wegrennen konnten. Sie gelangten in letzter Sekunde ins Haus und schlugen die Tür zu. Munge raste unmittelbar darauf mit einem Geräusch von zerstörerischer Gewalt an ihr vorbei und dann den Weg hinunter, der zur Hauptstraße führt.

Seit diesem Vorfall fürchtete und hasste ich sie nur noch stärker. Ich wusste, dass ich, wäre ich ebenfalls draußen gewesen, eine allzu leichte Zielscheibe für sie abgegeben hätte und schon tot sein könnte. *Als Kalb war Munge an meiner Krankheit schuld gewesen – sollte sie als Kuh eines Tages Schluss mit meinem Leben machen?*

Während der Unterhaltung mit Gatheca beobachtete ich ihre Bewegungen also mit tiefer Besorgnis. Da sie die anderen ziemlich gleichgültig ließ, versuchte ich aber so zu tun, als kümmere sie mich kaum. Würde ich nicht am kommenden Mittwoch ein Mann werden? Warum dann Angst vor einer Kuh haben?

Da es dunkel wurde, brachen wir zum Haus auf. Gathecas Bruder, der weiterhin neugierige Blicke auf mich geworfen hatte und mich wohl gern einiges gefragt hätte, übernahm es, mich zu schieben. Das schien ihm großen Spaß zu machen, denn er verhielt sich, als befände er sich hinter einem Wagenlenkrad. Er ahmte mit seiner Stimme den heulenden Motor eines Peugeot 203 – ein seinerzeit bewundertes Auto – nach und variierte sie bei den imaginären Gangwechseln sogar passend. Wann immer der Rollstuhl auf der weichen, feuchten Erde schleuderte, fand er das sehr lustig und stellte sich vor, ein kühner Safari-Fahrer zu sein.

An besagtem Mittwoch fuhr knatternd das Motorrad eines Gesundheitsbediensteten auf unser Anwesen. Als mein Vater daraufhin rief, dass es nun an der Zeit für unsere Vorbereitungen sei, fing ich an zu zittern. Bis hierhin, zu dem Augenblick der Wahrheit, war ich tapfer und zuversichtlich gewesen; wäre ich jetzt gefragt worden, hätte ich es mir vielleicht doch noch anders überlegt.

In unserem Zimmer öffnete der Mann eine kleine Schachtel

und legte seine Utensilien auf mein Bett, wobei sich meine Nervosität noch dadurch steigerte, dass sie alte Klinikerinnerungen in mir weckten. Er war ein vergnügter, umgänglicher Typ, der versuchte, es wie eine kleine Sache aussehen zu lassen, doch die Watte, die Schere und die Spritzen ließen mich vor Angst und Abscheu frösteln. Dinge, auf die meine Eltern und ich so sehr vertraut hatten, mich aber nicht zu heilen vermochten, hier waren sie nun wieder, um *an dem einzigen Teil meines Körpers zu schneiden, der noch heil war.* Der Mann muss die Spuren der Angst auf meinem Gesicht bemerkt haben, denn er sagte in beruhigendem Ton, ich solle mich einfach auf meinem Kissen entspannen und versuchen, nicht zuzuschauen.

Natürlich versuchte ich doch hinzugucken. Als ich mir sein nunmehr ernstes Gesicht besah, fragte ich mich: Warum macht er so etwas, um sein Geld zu verdienen? Wenn ich er wäre, würde ich mein Glück woanders suchen. Etwas Besseres mit meinem Leben anfangen!

Es war eine schmerzlose Operation, nach Minuten schon vorüber, desgleichen für Mungai, der nach mir an die Reihe kam. Soweit war es überraschend einfach gewesen. Früher, als es noch keine Betäubungsspritzen gab, hatte die Beschneidung eine große Mutprobe bedeutet. Zu jenen Zeiten wanderten meine Gedanken, während ich auf die zwangsläufig folgenden Schmerzen wartete.

Wir konnten die ganze Nacht kaum schlafen. Die Schmerzen waren mit voller Macht gekommen und ließen uns im Bett hin- und herwälzen. Ich hätte am liebsten wie früher nach Mama geschrien und ihr mitgeteilt, was ich durchmachte – doch wie hätte ich benennen können, was mir wehtat? Meine Tage des lauten Jammerns waren nun vorbei – ich war ein Mann, voll ein Mann! Unsere Schwester Ngoiri, zu dieser Zeit zu Hause, kam öfters ins Zimmer, um nach uns zu sehen, und äußerte ihr Mitgefühl wegen unserer Schmerzen. Sie verhielt sich uns gegenüber sehr fürsorglich und großherzig, aber auch früher hatten wir sie kaum anders gekannt.

Unserer Genesung folgte eine richtig schöne Zeit. Wir erhielten Geschenke wie Shorts mit dehnbarer Taille und Sporthemden mit roten und grünen Streifen. Mungai bekam obendrein noch Turnschuhe für die Sonntagsschule, wo er ja gut aussehen musste.

Mit dem neuen Gefühl von Männlichkeit, das mich ganz durchdrang, wandte ich mich nun noch intensiver meinen Studien zu. Ich war ernst und verantwortungsbewusst, wie ein Mann es sein sollte. Drei Frauen vom Roten Kreuz, eine Afrikanerin und zwei Weiße, wollten etwas für mich tun, indem sie mir Spielzeug, Kindermagazine und Buntstifte brachten. Sie waren von anderen Damen zu mir geschickt worden, die früher gelegentlich vom Krankenhaus aus gekommen waren. Die Geschenke waren natürlich langweilig für mich. Bei den Magazinen begriff ich am wenigsten, was sie sollten, und etliche von ihnen waren schon verschwunden oder schlimm zerfetzt, als in mir doch ein Interesse an ihnen erwachte: Es waren ausländische Zeitschriften.

10

Über dem Land breitete sich angesichts der näherkommenden Unabhängigkeit immer mehr eine Stimmung der Hoffnung und des Optimismus aus. Das magische Wort *Uhuru* war in aller Munde. Ich wartete ebenso gespannt und ungeduldig auf den großen Tag, da auch Menschen wie ich an der neuen, wunderbaren Welt beteiligt werden sollten. Mit *Uhuru* würden wir alle wiedergeboren werden! Seit mir die Endgültigkeit meiner Behinderung klar geworden war, hatte ich Hoffnungen immer wieder unterdrückt, doch nun hellte sich meine Miene zunehmend auf, und etliche Ältere trugen dazu noch bei, indem sie verheißungsvolle Stellen aus der Bibel zitierten und mir passende Verse zum Einprägen gaben. Da ich zugleich unermüdlich und mit großer Energie weiterlernte, wurden sich alle darin einig, dass die Zukunft etwas für mich bereithielt.

Wenn nun meine Lebensgeschichte für Leute, die mich nicht kannten, wiederholt wurde, hörte ich mit Stolz den Lobesworten zu und legte Wert darauf, es richtigzustellen, wenn sich mein Papa oder meine Mama bei einem Detail meines Werdegangs vertaten. Ihre Überzeugung, dass ich mir eines Tages würde selbst helfen können, setzte das Herz meiner Mutter in Flammen, wann immer sie darüber sprach. „Die Ärzte sind gescheitert und die Kräuter schlugen fehl, aber Gott versagt niemals", sagte sie zu ihren Freundinnen. „Er weiß um die Ursache und kennt die Zukunft." Die Zukunft lag auch für sie in *Uhuru*, der großen neuen Hoffnung für ihren verkrüppelten Sohn.

1961 kam jedoch mehreres zusammen, das meinen Optimismus wieder sehr dämpfte. Zwei meiner Geschwister folgten Njaga nach Großbritannien, Waweru für eine Weiterbildung, Ngoiri mit einem Studienstipendium, das sie aufgrund ihres sehr guten Abiturs erhalten hatte. Das Vorankommen der beiden ließ mich allzu stark unterlegen fühlen, machte mir meine Behinderung wieder besonders bewusst. Mir wurde klar, dass auch im unabhängigen Kenia nur die Glücklichen gute Chancen haben würden, die über einen erfolgreichen Abschluss verfügten. So konnte ich doch nicht anders, als mich auf immer verloren zu fühlen. Als meine jüngste Schwester, Njeri, in demselben Jahr in Standard 1 eintrat, vermochte ich nur zu denken: Eine weitere Kandidatin für die Früchte von *Uhuru*! Besonders arg war es für mich, dass zwei Jungen meines Alters, die ich sehr gut kannte, zu einer der besten High Schools des Landes zugelassen wurden. Meine eigene ‚Erfolgsstory‘ wollte mir verglichen damit als geradezu erbärmlich erscheinen.

Doch trotz meiner trübsinnigen, defätistischen Gedanken war ich noch immer bereit, weiterhin zäh zu arbeiten. In Kisuaheli, Englisch und einfacher Arithmetik machte ich meine Sache gut; die anderen Fächer aber waren zu schwierig für mich, der ich zu Hause ohne die Anleitung durch einen professionellen Lehrer lernen musste.

Meinem Vater ließ das Thema höhere Schule auch keine Ruhe. „Wusstest du, dass dein Freund Kimani auf die Alliance High School geht?“, erinnerte er mich eines Abends an meinen wunden Punkt. Er sah niedergedrückt aus, denn für ihn musste jedes seiner Kinder erfolgreich sein. Mein Zurückbleiben empfand er fast so stark wie ich selbst.

„Nun, versuche es weiter wie bisher", schloss er ab, „und sage Mungai, dass er aufholen und wie dieser schlaue Junge werden soll!"

Für mich war es ein Jahr erneuter Niederlagen; alles, was ich tat, kam mir vergeblich vor. Wenngleich ich bei Unterhaltungen mit anderen fröhlich auszusehen versuchte, nagte ständig ein Gefühl von Hoffnungslosigkeit und Verzweiflung an mir, fühlte ich mich verkümmert und leer. Immer wieder musste ich an den Freund denken, der es auf die High School geschafft hatte, was in jenen Tagen eine große Leistung war, aber auch daran, wie weit es Mungai, obgleich jünger als ich, schon gebracht hatte. Mit seinem Heranwachsen und der Erweiterung seines Freundeskreises hatte sich auch seine Einstellung mir gegenüber verändert; es war schwierig mit der Verständigung zwischen uns geworden. Er schien mich in seiner Gesellschaft nicht mehr zu wünschen, auch war mein Elend wieder da, wenn ich ihn brauchte, um auf die Toilette zu kommen: Wann immer er diese Situation erkannte, versuchte er mir auszuweichen. Genauso verhielt es sich mit Mituki, und sicherlich waren da die Gedanken in ihren jungen verständnislosen Köpfen die gleichen. Ich machte ihnen keinen Vorwurf und gab es auch nicht an unsere Eltern weiter, anscheinend getreu einem Philosophen, der gesagt hatte: Wer sich ständig beschwert, erhält nur wenig Mitgefühl.

Ich versuchte es mit einem neuen System, das ein wenig gefährlich für mich war und meine Mutter verärgerte, als sie davon erfuhr: Ich fing an, das Mittagessen auszulassen. Auf diese Weise musste ich nur noch alle zwei Tage einmal zur Toilette gebracht werden.

„Bitte, mein Sohn, iss wenigstens ein bisschen! Ich weiß,

dass du Angst vor der Toilette hast, aber ich bin doch da und kann dich dorthin bringen!" Manchmal wurde ich unter ihren Bitten weich und aß ein paar Bissen. Meinem Grundsatz, meine Nahrungsaufnahme und damit die Häufigkeit möglicher Demütigungen zu reduzieren, blieb ich aber treu. Als meinen Geschwistern die Sache eines Tages klar wurde, erlebte ich eine neue, aus Reue geborene Welle des Verständnisses. Sie änderten alle ihr Verhalten, taten sogar ohne meine Bitte etwas für mich. Endlich hatten sie begriffen, dass ich sie, hätte es in meiner Macht gestanden, niemals belästigt hätte.

In dem darauffolgenden Jahr veranlasste mein Vater, der inzwischen zu einem Prediger, dazu zum Aufseher über den Bau einer Kirche für unser Dorf geworden war, dass ich einmal wöchentlich durch einen Kirchenältesten für die Aufnahme in die Gemeinde vorbereitet wurde.

Wieder taten auch andere Leute ihr Möglichstes, mich zur Religion zu lenken, denn sie meinten offenbar – und hatten damit eventuell recht –, dass die größten Hoffnungen für mich der Himmel bereithielt. Wanjiku gewann mich für ein religiöses Fernstudienprogramm, das sogleich ein weiteres großes Gesprächsthema zwischen meinen Eltern und ihren Freunden hergab. Zur Überraschung und Freude aller bestand ich die drei Prüfungen sehr gut. Papa zeigte meine Arbeiten jedem, der zu Besuch kam, und ließ mich anschließend stets den letzten der auf sein Geheiß gelernten Bibelverse aufsagen, was ich auch feierlich tat. Auf der Suche nach Antworten für mich, nach auf meinen Fall beziehbaren Aussagen ging ich die gesamte Bibel durch. Allerdings kamen an einigen Stellen auch Fragen in mir auf, zum Beispiel: Wenn Gott Seinen eingeborenen Sohn sandte, damit er sterbe, um uns von unseren Sünden zu befreien, warum wurde Judas dann verdammt, nachdem er seine Rolle in diesem Unabwendbaren gespielt hatte? Hier geriet ich in eine Sackgasse. Gleichwohl fuhr ich trotz der Forderung nach bedingungslosem Glauben fort, selbst nach Antworten zu suchen, wenn ich sie in den Vorträgen und Predigten nicht finden konnte. Einige Teile der Bibel berührten mich wiederum in ihrer einfachen Wahrheit, die sie verkündeten. Das Bedeutendste an ihr waren für mich Jesu Lehren über Liebe und Barmherzigkeit, da ich mich wegen meines Leidens schon von jungen Jahren an nach diesen Zuwendungen gesehnt hatte und wusste, wie sinnlos das Leben ohne sie sein konnte.

1962 wurde ich zu einem ergebenen Anhänger des christlichen Glaubens. Mein Vater, der sehr damit beschäftigt war, an Beiträge für den Bau der Kirche zu kommen, plante eine Versteigerung von Sachspenden. Da es mir viel bedeutete, zu den Spendern zu gehören, übergab ich ihm dafür einen Pullover, den ich unter Anleitung des Roten Kreuzes gestrickt hatte und sehr mochte, weil er mein wärmstes Stück für kalte Tage war. Mungai, der sich nicht ausschließen wollte, steuerte ein Bücherregal bei. Später fügte ich noch eine abgesparte Fünfzig-Cent-Münze von dem Geld hinzu, das ich hin und wieder von netten Freunden und Verwandten bekommen hatte, die mich nicht mit leeren Worten füttern wollten.

Gefragt zu werden, ob ich an Gott glaube, wurde ich allerdings sehr leid. Wenn mir aus Fragen dieser Art Mitleid und Herablassung entgegengrinsten, antwortete ich meist überhaupt nicht. Eines Tages zum Beispiel waren wir auf einer religiösen Versammlung in der Nähe unseres Hauses, bei der weiteres Geld für die Kirche aufgetrieben werden sollte. Da kam eine weiße Dame und setzte sich neben mich. Sie trug einen Hut und ein wunderschönes weißes, um die Brust mit Stickereien versehenes Kleid, dazu Armreifen, Ohrringe und eine Halskette. Auch hatte sie Lippenstift aufgetragen und ihre langen Fingernägel sorgfältig lackiert. Sie warf mir immer wieder Seitenblicke zu, aus denen der Wunsch sprach, eine Unterhaltung zu beginnen, aber ich starrte nur geradeaus. Als ein Kirchenlied angestimmt wurde, tippte sie mir auf die Schulter und hielt mir das Gesangbuch hin, damit ich mitsingen konnte. Überrascht stellte ich fest, dass sie Kikuyu, meine Sprache, mühelos las. Als das Lied zu Ende war, nahm sie ihren Hut ab und sprach mich an:

„Wie heißt du?"

Ich nannte ihr meinen Namen.

Doch dann, als sie aus ihrer Handtasche eine Kikuyu-Bibelausgabe hervorzog, gleich die unvermeidliche Frage: „Glaubst du an Gott?" Sie fing eine speziell auf mich gerichtete Minipredigt an, dort am Rande der großen Menschenmenge, wobei sie bewies, dass sie meine Sprache sicher beherrschte. Wären ihre Klangfarbe und ihr Akzent nicht gewesen, hätte sie eine von den Unseren sein können. Wenn ich an den Erlöser glaube, sagte sie, würde ich auf einer ebenen Straße hin zu ewigem Frieden und Heil fahren.

An einem anderen Tag hatte ich mich, während einer Wartezeit, schon einmal gefragt: Warum wollen sie unbedingt etwas dazutun, dass ich ein zweites Leben bekomme? Glauben sie, dass nur ein Mensch mit heilem Körper eine unsterbliche

Seele habe?

Die Dame merkte, dass ich ihrer abgedroschenen Predigt nicht zuhörte, und hielt, verblüfft über meine mangelnde Reaktion, einen Augenblick inne, bevor sie nachhakte:

„Also, willst du nun geläutert werden oder nicht?"

Ich antwortete nicht. Darauf erhob sie sich, setzte ihren Hut auf und begab sich langsam zu ihrem Wagen. Sie wartete in ihm ab, bis das Ganze vorüber war; dann fuhr sie davon. Ich spendete noch die zwanzig Cent, die mein Vater mir gegeben hatte, und ließ mich von Mungai nach Hause schieben. Der war wütend.

„Vater kann mir das nicht weiter antun!", schimpfte er.

„Kann dir was nicht antun?", fragte ich mit stockendem Atem.

Doch von der groben, widerwilligen Art her, in der er den Rollstuhl schob, war es offenkundig: Ich war ihm schon wieder eine Last, ein Mühlstein am Hals.

„Warum ließ er uns nicht alle gemeinsam nach Hause gehen, so wie wir auch gekommen sind?", klagte er. „Er scheint nicht zu wissen, dass Leute müde werden können!"

Ich war schockiert; noch nie zuvor hatte ich eine solche Bemerkung gehört – so freiheraus gegen meinen Vater! Mir war schwer ums Herz. Als derjenige, der zu seiner Ermüdung beitrug, hatte ich Mungai gegenüber nichts zu vermelden, und so kehrten wir schweigend heim, in einem erbärmlichen Schweigen. Ich versuchte, ihm keine Vorwürfe zu machen; es hieß ja: Kinder und Narren sprechen die Wahrheit.

Als wir zu Hause eintrafen, kam uns Wanjiku entgegen. Ihr heiteres Lächeln schwand, als sie unseren unglücklichen Gesichtsausdruck bemerkte.

„Was ist denn verkehrt gelaufen? Hattet ihr einen Streit oder was?", fragte sie. Wir erwiderten nichts. Als sie nicht lockerließ, sagte ich:

„Es ist nur, dass Mungai sehr müde und ein wenig unzufrieden mit Papa ist."

Sie warf Mungai einen vorwurfsvollen Blick zu, verfolgte die Angelegenheit aber nicht weiter. Da ich erschöpft und mitgenommen war, bat ich sie, mich ins Schlafzimmer zu schieben. Während sie mich bettete, erkundigte sie sich, wie die Versammlung gewesen sei. Noch immer davon aufgewühlt, berichtete ich ihr von der weißen Dame und nannte den Grund meiner Weigerung, mit ihr zu reden. Wanjiku schlug die Hand vor den Mund und starrte mich ganz entgeistert an.

„Hättest du ihr nicht antworten und freundlich mit ihr sprechen können? Was hast du da bloß gemacht? Weißt du denn nicht, dass sie jemand ist, der dir helfen könnte?" Sie schüttelte nur so den Kopf über meine Ignoranz.

„Warum hacken diese Leute dauernd auf mir herum?", war meine einzige Entgegnung, „sie sollten zur Abwechslung mal jemand anderem eine Predigt halten! Wir werden doch alle den gleichen Tod sterben."

Sie deckte mich traurig zu und überließ mich einem unruhigen Schlaf.

Immer wieder beschäftigte mich die Frage, warum wir leiden müssen. Vereinzelt irritierten mich auch Stellen in der Bibel, in denen das Thema vorkam, doch dem Ältesten, der mir seitens der Kirche als Begleiter zugeteilt war, verriet ich meine Zweifel und Unsicherheiten nicht, weil sie für ihn ein Zeichen gewesen wären, dass ich keine Fortschritte machte, und er dies auch meinem Vater weitergesagt hätte. Den hätte es schon deshalb aufgebracht, weil er so viel Mühe dafür aufgewandt hatte, mich zum Glauben an die heiligen Worte zu leiten.

11

An einem sonnigen Tag im November 1962 kam Njaga aus England zurück, kräftiger geworden und nun mit einem Schnurrbart, dazu einem so ernsten Gesicht, dass wir Jüngeren es nicht gewagt hätten, Blödsinn mit ihm zu machen. Er bekam einen herzlichen Empfang, voll von Dankesgebeten und gutem Essen zu seinen Ehren. Unsere inzwischen sehr alte Großmutter, deren kleines Haus neben dem unseren stand, sah ihn mit Tränen in den Augen an und überhäufte ihn mit Bratkartoffeln und Pfeilwurz. Ihr Verstand, ein Produkt aus dem letzten Jahrhundert, tastete sich nur schwach zu einem etwaigen Verstehen dessen vor, was er in dem so fernen Land des weißen Mannes hatte lernen wollen. Unsere Großmutter mütterlicherseits, die etwa sechs Meilen von uns weg wohnte und nach der guten Nachricht von Njagas Ankunft gleich herbeigeeilt war, zeigte sich hingegen schlichtweg stolz darauf, dass der nach ihrem Mann genannte Junge so weit zu reisen und derart viel zu erreichen vermocht hatte.

Während vierzehn Tagen nach seiner Rückkehr kamen immer noch Verwandte und enge Freunde, um Njaga wiederzusehen. Sie fragten ihn, wo er nun arbeiten werde, und viele auch, wie sie ihre Söhne ebenfalls auf ein College im Ausland bringen könnten.

Nach ein paar Wochen Erholung fuhr Njaga nach Nairobi, um sich zu einem vereinbarten Termin wegen eines Jobs vorzustellen, der ihm bereits vor seiner Rückkehr aus England versprochen worden war. Er kam jedoch ganz enttäuscht zurück, denn der verantwortliche Weiße hatte ihm gesagt, dass er warten und irgendwann später wiederkommen solle. Wir jungen Geschwister verstanden hier zwar nicht alles, doch war uns klar, dass etwas ziemlich schiefgelaufen war. Nun mussten wir auch auf all die schönen Sachen verzichten, die Njaga uns bereits versprochen hatte, bevor er nach Nairobi aufgebrochen war. Für mich hatten es ein neues Hemd und, als Belohnung für mein fleißiges Lernen, aufregende neue Bücher zur Erweiterung meiner Bibliothek sein sollen.

Njaga musste volle sechs Monate gegen das System ankämpfen, um an seinen Job zu kommen. Eines Tages war der Weiße, der ihn für stur und unverschämt hielt, explodiert. Ob er sich denn für jemand Wichtigeres halte als die Leute in seinem Büro, fuhr er Njaga an. „Geh ruhig und melde mich deinen sogenannten Führern. Die werden mich ja doch nie hier wegkriegen!" In Anbetracht von *Uhuru*, für uns bald Realität, für die Kolonialisten ein furchtbarer Albtraum, war dies der letzte Tritt eines sterbenden Pferdes – ein scheußlicher für meinen Bruder. Er wurde verdrießlich und sehr empfindlich. Wann immer meine Mutter ihn fragte, ob er den Job bekommen habe, reagierte er mit einer Miene, als habe sie ihn beleidigt. Die Hoffnung verblasste immer mehr in uns, und in mir verstärkten sich zugleich die Sorgen über meine eigene Zukunft. Wenn mein Bruder, der in zwei fernen Ländern studiert hatte, es schon so rau vorfand, welche Aussichten hatte ich da überhaupt noch? Für uns alle war es, als schwebte eine dunkle Wolke über unserem Heim. Unser Glaube an die Zukunft war erschüttert – würde *Uhuru* überhaupt wahr werden? Selbst meine Mutter, sonst eine ruhige und gelassene Frau, verlor ihre Geduld und erlaubte sich einen Ausbruch von Entrüstung:

„Wann wird der Weiße endlich gehen und unseren Söhnen und Töchtern eine Chance geben?"

Im Großen und Ganzen hatten unsere Christen Konfrontationen mit den Kolonialisten – als Bringern des Lichtes und der Zivilisation – bisher vermieden, nun aber war das Dürsten nach der versprochenen *Uhuru* in jedermanns Blut. Ohne daran zu denken, dass alle zuhören konnten, gab meine Mutter auf einmal Worte von sich, die vor einigen Jahren noch als reinste Aufwiegelung betrachtet worden wären.

Eines Morgens rief mein Vater nach mir, so laut und schroff, dass ich erschrocken dachte, er habe etwas zu tadeln.

„Hör zu, dein Name ist unter denen, die die Prüfer zufriedengestellt haben", sagte er jedoch. Am nächsten Sonntag sollst du vor der Gemeinde erscheinen, um zum Kirchenmitglied geweiht zu werden! Von da an kannst du am allmonatlichen heiligen Abendmahl teilnehmen."

Ich versuchte, mir mich vor all den Leuten in der Kirche vorzustellen.

„Was ist los?", verlangte er zu wissen, gleichzeitig damit beschäftigt, eine Socke zu dehnen, „gefällt dir das etwa nicht?"

Ich kämpfte noch um die richtigen Worte, als ein Freudenschrei von Njeri seine Aufmerksamkeit von mir ablenkte. Mein Bruder Ndungu war unerwartet aufgetaucht. Er brachte mir ein fantastisches Geschenk mit – einen vollständigen Anzug! Ich hatte noch nie zuvor lange Hosen bekommen! Obwohl sie mir an der Taille zu weit waren, freute ich mich ungeheuer über sie.

„Nun werden meine dünnen Beine nicht mehr länger bloß-

gestellt sein", sagte ich zu Mituki, während sie mir hinein-
half. Das Jackett vermachte ich Mungai. Nachdem meine Eltern zur Kirche aufgebrochen waren, badete mich Ndungu
und lud mich dann zu einem Spaziergang ein. Wir begaben
uns, begleitet von Mungai, zu den nahegelegenen Geschäften.

„Kommst du sonntags immer raus?", fragte Ndungu unterwegs, ohne zu ahnen, welches Problem er damit berührte.
Mungai und ich sahen uns beklommen an.

„Hat Vater etwas dagegen, dass du spazieren gefahren
wirst?", hakte Ndungu stirnrunzelnd nach.

Ich beschloss, ihm die Wahrheit zu sagen. „Es ist einfach
so, dass Mungai meine Gesellschaft nicht mag."

„Warum magst du die nicht?", fragte Ndungu ihn scharf.
„Glaubst du denn, dass er freiwillig so ist?"

Er verstand nicht, dass ich eine Last für einen jungen Kna-
ben war, der gerne frei sein mochte. Für Mungai war ich stets
ein Hemmklotz, wenn er mich dabeihatte; immer ein Auge
auf mich haben zu müssen, schränkte seine Bewegungsfrei-
heit zu sehr ein. Nicht zu vergessen, dass ich ihm peinlich
war. Aber es kam unerwartet für mich, als ich Ndungu zu
ihm sagen hörte:

„Du brauchst doch nicht zu weinen!"

Er holte darauf ein paar Münzen aus seiner Tasche und gab
sie Mungai, damit er sich Süßigkeiten kaufen konnte. Da
machte dessen tränennasses Gesicht eine schnelle Veränderung durch.

Als wir vor den Geschäften standen, wurden wir gar nicht
sehr beachtet. Ich stellte fest, dass lange Hosen wirklich gut
für mich waren, weil meine Beine darin kein besonderes In-

teresse mehr auf sich zogen. Ich war über den Ausflug sehr glücklich und hätte gewünscht, dass Ndungu länger bliebe. Aber er musste schon am Abend zurück zu seinem Arbeitsort.

Inzwischen hatte mein fleißiger Vater nach langem Sparen einem europäischen Freund einen Ford Escort abgekauft. Am Sonntag nach Ndungus Besuch wurde ich mit Mungai und unseren drei kleinen Schwestern auf dessen Rücksitz verfrachtet und zur Kirche gefahren. Obwohl wir vorzeitig dort ankamen, fanden wir draußen bereits eine große Menschenmenge vor, welche die Zeremonie miterleben wollte. Da in jenen Tagen schon ein Auto ausreichte, um Aufmerksamkeit zu erregen, richteten sich alle Blicke auf uns, doch noch interessierter wurden diese, als mein Vater den Kofferraum öffnete, um meinen Rollstuhl herauszuholen. Als danach auch die übrige Familie ausstieg, saß ich nur noch alleine da und dachte, vor Scham sterben zu müssen. Die Leute drängten sich näher heran, um beobachten zu können, was folgen würde. Während ich von meinem Vater wie ein Baby hochgehoben und in den Stuhl gesetzt wurde, gingen Gemurmel und mitleidige Laute durch die Menge. Ich sah nur verschwimmende Gesichter um mich herum, fühlte mich eingeschlossen von einem Haufen neugieriger Frommer, der meine Seele zu ersticken drohte. Mein Vater drängte sich mit dem Rollstuhl nach vorne durch, indem er entschlossen einen Pfad durch diesen Wald von Menschen schlug. Die am Rand stehenden Kinder berührten mein Gefährt voll Bewunderung, manche gar sagten, sie wünschten, sie könnten auch ein solches bekommen.

„Seht bloß", riefen andere aus, „er hat einen Schaltknüppel

daran! Was für eine tolle Maschine!"

Sie begleiteten uns bis zum Eingang der Kirche, wo sie jedoch ihre eigene Ungebärdigkeit daran hinderte, gleich mit hineinzukommen.

Ich wurde weit nach vorne gestellt, damit keine Zeit verschwendet würde, wenn der Augenblick kam. In der Kirche waren sie alle ruhig und sanft, und durch die geöffneten großen Fenster wehte eine wohltuende Brise herein. Als der Prediger zum ersten Lied aufforderte, wurde ich aber schon wieder sehr verlegen: Alle erhoben sich zum Singen, während ich dasaß und nicht einmal ein Gesangbuch hatte. Danach kam die Lesung, und mir fehlte ebenso eine Bibel! Ich fühlte mich wie ausgestoßen. Meine Mutter, die immer schnell darin war, meine Gefühle und Gedanken zu erfassen, erhob sich, nachdem sie mein Unbehagen aus ihrer entfernten Ecke bemerkt hatte, ging mutig durch die Reihen und übergab mir ihre Gottesdienstbücher. Ihre Augen schienen mir sagen zu wollen, dass ich mich nicht sorgen solle. Auch bei der Rückkehr zu ihrem Platz beachtete sie nicht im Geringsten die Blicke der Leute, wodurch ich wieder an ihre lieben Worte erinnert wurde, dass sie meine Hände und meine Füße sei, wann immer ich es brauche.

Die wie ich im Kindesalter Getauften wurden als Erste zur Handauflegung nach vorne gerufen. Nach dem anschließenden Segen bekamen wir Karten ausgehändigt und wurden geheißen, auf unsere Sitze zurückzukehren. Während die anderen dies taten, blieb ich ganz allein dort vorne sitzen, was mich furchtbar beschämte. Schließlich kam mir ein alter Mann zu Hilfe und schob mich zu meinem Platz zurück. Die anderen Kinder sahen dabei auf mich, und ich konnte hören, wie eines leise fragte: „Warum wird der denn auf Rädern befördert?"

„Siehst du denn nicht, dass er ein Krüppel ist, du Dummkopf?" - Ich fühlte mich jämmerlich von der Welt der normalen Menschen abgeschnitten. Die anderen Kinder erlebten eine warme Solidarität untereinander, die von der aufregenden Zeremonie noch verstärkt wurde, während ich mich wie in einem Käfig fühlte, der weder Kontakte noch eine Flucht zuließ. Dies hatte ein glücklicher Tag sein sollen, doch für mich war er entsetzlich. In meiner Niedergeschlagenheit nahm ich mein erstes Abendmahl zu mir, als würde ich eine bittere Pille hinunterschlucken.

Als Papa mich hinausrollte, wurde ich innerlich ruhiger und schaffte es, alle um mich zu ignorieren. Halb betäubt, halb resigniert sagte ich mir schließlich, *dass die Dinge nun einmal waren, wie sie waren, und sich nicht ändern ließen.* Alles, was ich mir noch wünschte, war nach Hause und dort zur Toilette zu kommen. Mein Gefühl der Ruhe und Sicherheit, das mit unserer Abfahrt eingekehrt war, kam jedoch schon wieder ins Wanken, als ich auf dem Nachhauseweg Kimani sah, den großen, intelligenten Jungen, der nun die Alliance High School besuchte. Er trug schwarze lange Hosen – ein Zeichen von Reife –, und ich meinte, auch Zigarettenrauch von seinen Lippen wehen zu sehen. Seine Ausstrahlung versetzte mich erneut in Trübsinnigkeit und Selbstmitleid.

Zu Hause hatte ich es ja gut, aber für wie lange würde ich meiner Abhängigkeiten wegen dort leben müssen? Würde ich niemals an der schönen Welt des Spaßes, der Unabhängigkeit, der lieben Kameradschaft, des Gelächters und des kleinen Unfugs teilhaben können – der zauberhaften Welt des normalen Teenagertums? Oder sollte ich doch noch wie Hiob von meinem Leiden erlöst werden? Nur wann, wenn ja?

Einmal hatte mich Njaga dabei erwischt, wie ich angestrengt mit meinem Stock den Rollstuhl rückwärtsschob, um mich Fremder wegen, die ich zu Besuch kommen sah, hinter unserer Hundehütte verstecken zu können. Ich hasste Fremde doch so!

Er hatte sich daraufhin vor mir niedergehockt, mich mit seinen klugen Augen angesehen und gesagt: „Glaube bloß nicht, dass du niemals mit der Welt zu tun haben wirst! Mit dir ist alles in Ordnung – du wächst jeden Tag, und du bemühst dich, viel zu lernen! Denkst du etwa, dass du in diesem Universum allein bleiben kannst? Du darfst keine Angst vor den Menschen haben!"

Auf der letzten Strecke dachte ich über diese Worte nach. Nicht vor den Leuten fürchten! Wenn man denn schon ein unauslöschliches Mal hat – warum es verstecken? Warum höre ich nicht einfach auf, über es nachzudenken?

Als wir unser Haus erreichten, fanden wir Njaga zeitungslesend auf einem Hocker vor, den er sich in die warme Sonne gestellt hatte. Auf der Wiese lagen einige Cousins, doch die verstreuten sich schnell, als sich mein Vater ebenfalls im Gras niederließ. Für die Jugend war es unbequem, mit ihm zusammen zu sein, weil er nie ruhte, ihr Predigten zu halten, sie mit Ratschlägen zu bombardieren und anzudeuten, dass er alles wisse, was sie hinter den Kulissen tue. Ein Haufen von Teenagern bedeutete für ihn eine Einladung zu Vorträgen.

Nachdem Njaga herübergekommen war und mich in den

Rollstuhl gehoben hatte, überreichte er ihm nach einem Griff in die Tasche einen Brief:

„Den erhielt ich heute auf dem Postamt!"

Während Vater das Schreiben las, hellte sich sein Gesicht auf.

„Jetzt hast du einen Job, sehr gut! Da wünsche ich nun, dass du deinem Bruder hilfst, damit auch aus ihm etwas wird!" Sogleich ganz in Schwung, fuhr er fort:

„Und in deinem Job ist es sehr wichtig, dass du versuchst, mit deinen Arbeitskollegen auszukommen. Glaube bloß nicht, dass *Uhuru* bedeuten wird, einfach alles tun zu können, was man will! Nein, auch da werden die Leute Systemen und Verfahren folgen müssen ..."

Er redete, bis der Tee kalt geworden war, den unsere Schwester ihm gebracht hatte. Njaga hörte schweigend, mit starrem Blick auf seinen Brief zu; es war zu erkennen, dass er kein Mann war, der Ratschläge brauchte. Nach einem großen Schluck fuhr unser Vater fort:

„Nun, für deinen Bruder denke ich, dass es nichts Besseres gibt, als ihm Bücher, viele Bücher zu kaufen!"

„Ja, das werde ich tun."

Durch Njagas Job gab es für uns Kleidung in Fülle. Es war natürlich schwer für meinen Bruder, die passenden Größen für mich zu finden, trotzdem war ich sehr dankbar für alles. Bald merkte ich allerdings, dass ich meinen Schwestern zu viel Arbeit mit den neuen Hemden und Hosen bereitete, da sie sie für mich waschen mussten. Um sie nicht weiter unglücklich damit zu machen, beschloss ich, etwas zu unternehmen. Nach einigem Überlegen kam ich darauf, mir die Waschschüssel sehr nah an mich auf einen Hocker stellen zu lassen, sodass ich diese im Sitzen wie auch mit meinen Händen erreichen konnte. Nachdem mir Njeri, Nduta und Mumbi auch alles sonst noch Benötigte gebracht hatten, probierte ich es aus – und es klappte! Ich fand, dass ich die Kleidung sogar besser waschen konnte als sie, und tat dies von da an nur noch selbst.

Njaga, der sich über meine Lernfortschritte freute, versprach mir, sich um Hilfe aus England zu bemühen, indem er mit dortigen Bekannten Verbindung für mich aufnehme. In Großbritannien, so erzählte er mir, könnten Menschen wie ich auch Aufgaben erfüllen, die herkömmlich nur von Nichtbehinderten verrichtet wurden. So war ich denn von neuer Hoffnung erfüllt.

Gegen Ende jenes Jahres, im Dezember 1963, erhielten wir unsere Unabhängigkeit. Wenn ich auch nichts Sofortiges erwartete, glaubte ich inzwischen doch fest daran, dass damit der Tag kommen würde, wo man sich um all die Menschen kümmerte, die durch den Krieg oder aus anderen Gründen zu Krüppeln geworden waren. Vorerst fuhr ich fleißig mit dem Lernen fort. Ich ließ mir von meinem Vater eine Ausgabe des New Method English Dictionary* besorgen, um meine Fortschritte im Englischen dadurch zu beschleunigen, dass ich nicht mehr warten musste, bis mir jemand die Bedeutung eines schwierigen Wortes oder Ausdrucks erklären konnte. Ein weiterer Markstein in meinem persönlichen Kampf um Unabhängigkeit!

---

* bekanntes englisches Wörterbuch, seit 1935 in vielen Auflagen erschienen

Doch trotz dieser Sonnenschimmer blieb in mir das bedrückende Gefühl, zur Chancenlosigkeit verdammt zu sein, niemals allzu weit weg. Zu Beginn des neuen Jahres kam Mungai in die letzte Klasse der Primarschule, die mit der gefürchtetsten Prüfung abschloss: der, die darüber entschied, ob man zur High School gehen durfte. Wie schnell war er bis dahin gekommen! Ich fühlte mich weit zurück hinter meinem jüngeren Bruder, der nun all dem Großen entgegenhoffen konnte, das die höhere Bildung versprach. Um den Abstand zwischen uns zu verringern, versuchte ich, ausnahmslos alles, was er in der Schule durchnahm, ebenfalls zu lernen, doch das erwies sich als ein aussichtsloser Kampf. Das Geisteswissenschaftliche fiel mir relativ leicht, da das, was ich dafür tun musste, nur in Lesen und Verstehen bestand; mit der Mathematik dagegen hatte ich große Probleme. Auf den Befehl unseres Vaters hin versuchte Mungai zwar, sie mir beizubringen, doch die anstehende Prüfung setzte ihm so zu, dass er nicht genügend Zeit dafür fand. Da es mir auch an Talent für Zahlen und Berechnungen fehlte, konnte ich nur sehr wenig von dem begreifen, was er mir da in Kürze erklärte. Dass wir in diesem Fach nicht weit kamen, deprimierte meinen Vater umso mehr, als ihm der Gedanke gekommen war, dass der ideale Beruf für mich der eines Buchhalters sein könnte.

Mungai und Gatheca entwickelten, wie auch einige andere, mit denen ich früher so guten Kontakt gehabt hatte, zunehmend ein überlegenes Gehabe. Manchmal schlossen sie mich aus, indem sie sich auf Englisch unterhielten und dabei so taten, als wenn ich gar nicht existierte. Das machte mich so bitter, dass ich nun oft lieber zu Hause blieb, als mich noch an ihren Spaziergängen zu beteiligen. Mungais und Gathecas Bereitschaft, mich zu schieben, hatte ohnehin nachgelassen, seit ihnen ihre Männlichkeit immer wichtiger geworden war.

Einen weiteren Schlag erlebte ich, als Njaga sich eine Frau nahm und unser Heim verließ, um in der Stadt zu leben. Für mich änderte sich dadurch das Leben zu Hause erheblich. Die Bücher wurden zu meinen einzigen wirklichen Gefährten. Es existierte zwar ein Radio, das Vater von Waweru geschenkt bekommen hatte, doch das durfte nur − und ausschließlich von ihm − für die Nachrichten angestellt werden, da er meinte, wir würden verdorben, wenn wir Musik daraus hörten. Als gläubiger Christ und Traditionalist schrieb er diesem Medium einen schlechten Einfluss auf seine Kinder zu und schaltete es daher ab, sobald er die Neuigkeiten vom Tage gehört hatte.

Bücher hatte ich mittlerweile im Überfluss. Seit Mituki die erste Klasse der Sekundarschule besuchte, kam sie durch den Literaturunterricht an viel anregende Lektüre. Sie war eine begeisterte Leserin und lieh sich auch ständig Romane von ihren Freundinnen aus, die sie dann ebenfalls an mich weitergab. Mit der Übung nahm meine Lesegeschwindigkeit zu, und mein englischer Wortschatz erweiterte sich enorm. Aber das Weiterkommen der anderen − besonders das meiner Familienmitglieder − ließ mich nie los; ich konnte einfach nicht anders, als immer wieder deren Riesenschritte nach vorn mit meinen tapsigen Bemühungen zu vergleichen.

Nach einiger Zeit kam die Neuigkeit, dass Njaga und seine Frau ihr erstes Baby bekommen hatten. Noch nie hatte ich meine Mutter so strahlend und lebhaft gesehen! Durch ihren Gesichtsausdruck wurde mir ganz anders. Unmittelbar befiel mich die Frage, die niemand für mich beantworten konnte: Würde ich das jemals überhaupt erreichen können – ein Mann mit Frau und Kind zu sein? Mir war, als würde ich da auf eine dunkle Leere zusteuern, und oft raubte mir eine große Angst den Schlaf. Es fiel mir schwer, mich der Wahrheit zu stellen – dass ich ein männliches Wesen mit seinen ganz normalen Bedürfnissen war, nichts anderes!

Bei ihren Scheinkämpfen und Raufereien gaben die Jungen meines Alters gerne an, dass sie Männer seien. Gelegentlich beteiligte ich mich an ihren rauen ‚männlichen' Gesprächen, war dabei jedoch weder für mich noch für sonst jemanden überzeugend. Natürlich wurde manchmal auch über Mädchen geredet. Die anderen wussten, dass ich in dieser Hinsicht völlig unwissend und unerfahren war, achteten aber darauf, mir höflich zuzuhören, damit ich mich nicht gekränkt fühlte. Ebenso unterhielten sie sich darüber, wie sie – von billigem traditionellem Alkohol – betrunken geworden waren, und sie hatten ihren Spaß bei der Erinnerung an ihre dabei gemeinsam gemachten Erfahrungen. Ich fühlte mich nur abseits, wenn sie über diese aufregende, geheimnisvolle Schwelle des Lebens sprachen – normales Leben. Während ich sie beobachtete, wusste ich, dass meine innerlichen Fragen keiner weiteren Antwort bedurften. Sie waren wirkliche Männer mit einem wirklichen Leben vor sich, ich hingegen war nur eine Statue, eine Kuriosität zum Anstarren. Kein Wunder, wie sie mich alle jedes Mal ansahen, wenn ich mich räusperte, um auch etwas zu sagen. Meine Stimme erschien wie ein hohles Echo, das aus dem Schatten des Mannes kam, der ich hätte sein sollen.

An einem Tag im September 1964 kam meine Schwester Ngoiri aus Großbritannien zurück. Dafür hatte inzwischen Wanjiku, jedoch ohne Stipendium, mit einer Zusatzausbildung in London begonnen.

Es machte mich sehr glücklich, Ngoiri wiederzusehen. Im Aussehen war sie noch immer die Alte, ganz wie wir sie kannten, außer dass ihre Gesichtsfarbe in dem kalten Klima heller geworden war. Sie ließ sich aufgeregt über unser warmes Wetter aus und zeigte, wie froh sie war, wieder zu Hause zu sein. Die Leute sprachen oft abschätzig über Mädchen, die ins Ausland gingen – wie sehr sie sich veränderten, billig und lächerlich in den dort übernommenen Kleidermoden aussähen, fremde Sitten annähmen, die Nase zu hoch trügen und verderblich in ihrem Benehmen würden. Bei Ngoiri sah ich mit Freude, dass sie auch ihre freundliche und geduldige Art behalten hatte. Sie brachte mir einen Hauch aus der Vergangenheit mit, aus den Tagen, wo sie sich um uns wie eine zweite Mutter gekümmert hatte. Sie versorgte mich erneut treu und unermüdlich, doch nunmehr stellte ich fest, dass es mich verlegen machte, wenn sie mich baden wollte.

„Zieh dich aus!", befahl sie.

Da ich es nicht über mich bringen konnte, mich vor ihr zu entkleiden, tat sie es für mich. Sie schien mein Zögern nicht zu begreifen, aber ich empfand nun einmal, dass ich als Mann, der ich jetzt war, Frauen gegenüber eine Privatsphäre brauchte. Vielleicht jedoch verstand sie dies durchaus und war nur so vernünftig, einfach zu tun, was sein musste.

Das Problem meiner Körperreinigung quälte mich, neben dem des Toilettengangs, am meisten. Seit ich ein Mann war, hatten mich eigentlich mein Vater oder Mungai zu waschen.

Mungai tat dies aber nur unter Zwang, da es eine zu unerfreuliche Aufgabe für ihn war, und mein Vater vergaß es oft oder war zu sehr mit anderen Dingen beschäftigt. Ngoiri erkannte dies schnell und übernahm es, das Notwendige zu tun, indem sie die Kluft zwischen Mann und Frau einfach ignorierte.

Ich fragte mich, ob ich für immer darin gefangen bleiben würde, von meinem Vater, meinem unwilligen Bruder oder meiner tabubrechenden Schwester gewaschen oder gebadet werden zu müssen. Von der körperlichen Seite her war mir klar, dass ich dagegen nichts tun konnte, solange meine Arme gekrümmt blieben. Manchmal hatte ich nach einem feststehenden Gegenstand gegriffen und mich von diesem so weit wie möglich weggeschoben, in der Hoffnung, dadurch meine steifen Gelenke ,aufschließen' zu können. Doch statt dass dies etwas besserte, hatte ich davon nur Schmerzen bekommen, denen ein lästiges Kribbelgefühl folgte. Als mich meine Mutter einmal bei dieser Übung entdeckte, meinte sie sogleich, dass ich damit weitermachen solle. Seither führte sie, wenn ich im Bett lag, eine sanfte Physiotherapie mit mir durch und bat mich eindringlich, nicht die Hoffnung aufzugeben – bei täglicher Bewegung würden sich meine Gliedmaßen eines Tages strecken. Nach einem anstrengenden Lesetag machte ich meine Übung nun regelmäßig, doch eine Veränderung konnte ich dadurch nicht feststellen. Sie gab mir lediglich etwas Abwechslung in der Eintönigkeit der Tage.

Allmählich beschäftigte mich immer mehr die Frage, wie ich mich selbst waschen könnte. Da ich keine Lösung fand, versuchte ich sie zu vergessen, indem ich meine Fantasie schweifen ließ, wohin immer die spannenden neuen Bücher sie jeweils trugen. Doch wenn ich, auf den vertrauten Horizont starrend, über ein unbekanntes Wort nachdachte, über das ich gestolpert war, kehrte meine Frage zurück. Angenommen, ich säße auf einem Hocker, ging es mir durch den Kopf, und hätte auf einem anderen Hocker eine Schüssel mit Wasser vor mir und in meiner Hand einen Lappen ... Doch wie käme ich an meinen Rücken heran?

Weihnachten kam und ging vorüber. Anfang 1965 wollte ich an einem Spätnachmittag zu meiner Großmutter hinüberfahren, um den Abend mit ihr zu verbringen. Es hatte den ganzen Tag heftig geregnet, und die Luft war noch kühl. Von meinem Platz aus konnte ich bei ihr ein glühendes Feuer sehen, das mich herüberzuwinken schien. Ich versuchte, mich mit dem Stock darauf zuzubewegen, doch die Räder wurden schnell so klebrig vom Matsch, dass eine meiner Schwestern sie abkratzen und mich schieben musste. Als wir schließlich in Großmutters Hütte anlangten, befanden sich dort schon meine Eltern. Mein Vater las gerade den letzten Satz eines Briefes von unserem Bruder Waweru vor. In dem darauffolgenden Gespräch bekam ich mit, dass er in England ein Verhältnis mit einem Mädchen hatte und der Hochzeitstermin bereits festgelegt war.

„Was machen wir da jetzt bloß?", fragte Papa in tiefer Besorgnis.

„Woher, sagt er, kommt das Mädchen?", wollte Mama nach einigem Schweigen wissen.

„Nur fünf Meilen von hier", antwortete Papa. „Was können wir überhaupt noch tun? Was soll ich ihm dazu sagen?"

„Wenden sich unsere Kinder neuerdings so gegen ihre Eltern, dass sie ohne deren Einwilligung heiraten?" Mama hielt sich die Kinnlade. „Was für ein Benehmen!"

„Die Dinge haben sich zum Schlechteren gewendet," klagte Papa, „früher wurden selbst die Wünsche nur eines Elternteils niemals infrage gestellt. Heute jedoch haben wir kaum einen Einfluss mehr, wenn unsere Kinder etwas tun wollen, von dem wir wissen, dass es schlecht für sie ist. Sie gehen aus dem Haus und verheiraten sich einfach ohne die gehörigen Vereinbarungen! Was soll ich bei dieser Sache nun noch machen können, so groß sie auch ist?"

Unsere Großmutter sah ihn ausdruckslos an. Mit den Veränderungen, die die Zeit gebracht hatte, war sie schon lange nicht mehr auf dem Laufenden.

Mama meinte: „Schreibe ihm nichts Ablehnendes, sondern einen lieben Brief, damit er sich nicht beunruhigt. Obwohl das, was er tut, falsch ist, müssen wir ihm zeigen, dass wir liebende Eltern sind. Er hat uns nicht um unseren Rat gebeten; dies hier ist etwas bereits Entschiedenes!"

Papa faltete den Brief mit besorgtem und schmerzerfülltem Gesicht zusammen. Zum ersten Mal war eines seiner Kinder gründlich von dem Weg abgekommen, den er unter so viel Mühen geebnet hatte.

Ich dachte nur: Erst Njaga, jetzt Waweru. Bald werden sie alle verheiratet sein und eigene Familien haben. Was wird dagegen mit mir? Werde ich auf immer überzählig bleiben?

Die Idee kam mir ganz plötzlich, während ich unter einem *Mukinduri*-Baum saß und las. *Ich könnte mir selbst eine Bürste machen! Eine lange Bürste mit einem gebogenen*

*Griff, mit dem ich an meinen Rücken und an meine Beine
käme.* Diese einfache Erkenntnis machte mich ganz aufgeregt. Ich war von einer Schuhbürste inspiriert worden, die
Gatheca im Werkunterricht in seiner Schule angefertigt hatte.
Als ich Mungai von meiner Idee erzählte, reagierte der mehr
als skeptisch: „Das wird nicht funktionieren!" Ich entgegnete
aber nur, dass er mir helfen solle, ein geeignetes Stück Holz
zu finden. Daraufhin machte er sich mit mir auf, unser
Grundstück zu durchkämmen. Nachdem wir nichts Passen-
des hatten finden können, kam mir der *Mukinduri*-Baum in
den Sinn, und dort entdeckte ich auch die Art von Ast, die ich
mir vorgestellt hatte. Mungai kletterte mit einem *panga** hinauf und schnitt ihn ab. Er war in der Mitte so gebogen, dass
er es mir ermöglichen würde, beim Waschen überall dranzu-
kommen. Während ich das Stück prüfte, hellte sich Mungais
Gesicht auf, da er jetzt erkennen konnte, was mir vor-
schwebte. Er ging gleich darauf ins Haus, um mir ein Messer
zu holen. Mit diesem bearbeitete ich das weiche *Mukinduri*-
Holz solange, bis es die richtige Länge und Form hatte. Im
Blick auf Gathecas Bürste kam mir dann auch der Einfall,
wie die Löcher gemacht werden mussten, damit in sie statt
der harten Borsten kurze Sisalfaserstücke passten. Da es zu
Hause keinen Meißel in der geeigneten Größe gab, benutzte
ich für die Herstellung der Löcher einen Nagel, dessen Spitze
flach gehämmert war. Die besondere Weichheit des verwendeten Holzes machte diese Arbeit einigermaßen leicht für
mich.

Eine Woche brauchte es aber doch, bis ich mein Werk abgeschlossen hatte. Als die Bürste fertig war, probierte ich sie

---

* langes Buschmesser

gleich in der Autogarage aus – sie bewirkte Wunder! Die Fasern nahmen die Seife so gut auf, dass ich mir den ganzen Körper in einem Durchgang damit einschäumen konnte. Ich war ganz entzückt von meiner Erfindung, und sie erstaunte auch alle im Haus. Sie fragten sich, wie ich mir so etwas nur ausgedacht haben konnte, das, so simpel es war, derart gut funktionierte und die Dinge nicht nur für mich, sondern für alle Beteiligten vereinfachte. Ich hatte damit einen weiteren großen Schritt nach vorn getan.

Eines Tages besuchte uns Njaga mit Frau und Kind. Vor Glück darüber, ihren ersten Enkelsohn im Haus zu haben, machten meine Eltern fast ein Fest daraus. Ich saß auf meine Weise sehr zufrieden mit der Zeitung, die Njaga mir mitgebracht hatte, unter meinem Lieblingsbaum und las. Nachdem er all das Lob unserer Eltern entgegengenommen und noch eine Weile mit ihnen geplaudert hatte, verließ Njaga das Haus, wie wenn er sich dort nicht recht wohlgefühlt hätte, und schlenderte zu mir herüber.

„Lasst uns mal sehen, wie du weitergekommen bist", sagte er lächelnd zu mir und blätterte eine Seite um. „Kannst du diesen Abschnitt für mich übersetzen?"

Ich bestand den Test.

„Sehr gut! Ich bin übrigens wegen einer Ausbildung für dich mit diesen Bekannten in London in Kontakt getreten, aber bis jetzt ist da nichts Greifbares gekommen. Natürlich könnte ich sie noch mal erinnern, jedoch glaube ich, dass es ihnen, wie sie schrieben, wirklich nicht möglich war, eine Person oder Organisation zu finden, die sich unseres Wunsches annehmen kann. Warte einfach ab und fahre fort, dich durch

Lesen weiterzubilden! Wie ich dir schon gesagt habe: Lies jede Art Bücher, lies alles, was du nur zu fassen bekommen kannst!" Für einen Augenblick hielt er inne und sah nach unten. „Weißt du, du solltest nicht weiter über deinen körperlichen Zustand nachdenken. Mir wurde von dieser Bürste erzählt, die du erfunden hast – sie beweist, dass du Dinge tun kannst, an die viele andere nicht einmal zu denken imstande sind. Behalte das bei, erfinde noch Weiteres!"

Sein Gesichtsausdruck wie auch sein Ton unterstrichen meinen Eindruck, dass es nicht möglich für ihn sein würde, mir Hilfe aus Übersee zu besorgen. Ich hatte mit dem Traum gelebt, eines Tages ebenfalls ein Flugzeug nach Großbritannien zu besteigen, um dort ausgebildet zu werden. Njaga hatte mir früher schon gesagt, dass er in dieser Sache natürlich ebenso Erfolg haben wie auch scheitern könnte – nun war mir klar, dass Letzteres eingetreten war. Mit dem Traum war es vorbei.

Meine Entschlossenheit, durch Lesen weiterzukommen, wurde so groß, dass ich mich regelrecht schlecht fühlte, wenn ich nur einen Tag vergeudete. Ganz plötzlich kam in mir auch das Bedürfnis auf, selbst etwas zu schreiben. Ich dachte mir eine Geschichte aus und brachte sie zu Papier, doch dieser erste Versuch misslang, weil meine englischsprachigen Konstruktionen noch reichlich zu wünschen übrig ließen, wie auch jeder bestätigte. Einige besonders entmutigende Bemerkungen hätten meine Motivation sogar fast für immer vernichtet.

Ich beneidete Njaga um seine Karriere als Journalist. Dieser Beruf erschien mir als der einzige, den ich mit der nötigen Unabhängigkeit ausüben könnte. Optimistisch stellte ich mir den Tag vor, da ich zu Hause Geschichten für Zeitungen schreiben und auf diese Weise meinen Lebensunterhalt verdienen würde. Aber mir war zugleich sehr wohl bewusst, dass dieser Tag, sollte er eintreffen, noch in weiter Ferne lag. Auch benötigte ich sehr viel Vorbereitung.

Eines Mittwochabends kam mein Vater von einer Kirchenversammlung heim, als wir uns bereits zum Zubettgehen fertigmachten. Aus seiner Manteltasche ragte wie üblich eine Zeitung. Statt diese erst einmal nur auf den Tisch zu werfen oder an mich weiterzugeben, wie es sonst seine Gewohnheit war, breitete er sie diesmal sogleich aus und fragte Ngoiri, ob sie es schon gesehen habe. Er deutete auf ein Bild auf den Anzeigenseiten und sagte zu Mama: „Sieh dir deinen Sohn an! Er ist jetzt ein Älterer, denn er hat eine eigene Frau!" Und tatsächlich war da ein Foto von Waweru mit einer hübschen, uns noch unbekannten jungen Dame. Mama hielt sich die Zeitung dicht vor die Augen und starrte das Bild lange wortlos an; dann ging ein Lächeln über ihr Gesicht, das alles sagte. Als ich ihre Freude über die Hochzeit sah, überkam mich wieder dieses Gefühl von Ohnmacht, das mich immer packte, wenn ein Mitglied der Familie etwas erreicht hatte, das ich wahrscheinlich nie zustande bringen konnte. Ich werde wohl niemals ein solches Lächeln von Mama erhalten, dachte ich unglücklich.

Inzwischen hatte Mungai den Stock, welchen ich benutzte, um mich allein voranzuschieben, gegen einen Stab aus Eisen ausgetauscht. Ich war von diesem sehr angetan, weil er ein kräftigeres Abstoßen erlaubte und somit auch meine Geschwindigkeit im Fortbewegen des Rollstuhls erhöhte.

Mit dessen Hilfe begab ich mich, nachdem ich das Hochzeitsbild meines Bruders gesehen hatte, ohne ein Wort zu sagen allein zu Bett. Meine Mutter, die mich beobachtete, las offensichtlich meine Gedanken, sagte jedoch ebenfalls nichts. Da mein fleißiger Vater es inzwischen geschafft hatte, Elektrizität ins Haus zu legen, las ich nun für gewöhnlich solange, bis der Letzte, der zur Ruhe ging, das Licht für mich ausmachte. An jenem Abend aber vermochte ich mich nicht auf mein Buch zu konzentrieren, erfüllt wie ich war von Scham, Wut, Selbsthass und Neid, und auch das Einschlafen gelang mir erst viel später als sonst.

In den darauffolgenden Tagen zeigte ich mich auf unerfreuliche Art verändert. Ich wollte am liebsten nur noch allein sein und mich ganz ins Lesen verkriechen. Einmal zum Beispiel kam Gatheca, um nach mir zu sehen und den Nachmittag mit mir zu verbringen. Nach der Begrüßung und einem Austausch von nur wenigen Worten senkte ich den Kopf, um mich gleich wieder meinem Buch zu widmen, und war mir seiner Gegenwart von da an schon nicht mehr bewusst. In meiner Versunkenheit sah ich ihn auch nicht fortgehen. Er fühlte sich derart verletzt, dass er drei Monate brauchte, bis er es über sich brachte, sich mir wieder zu nähern. Als wir uns dann wiedersahen, erklärte ich ihm, dass ich zu sehr in die Geschichte vertieft gewesen sei und es nicht böse gemeint habe. Die Bücher seien zu jener Zeit meine einzigen Gefährten gewesen. Er schien es zu verstehen.

Ein andermal war ich kurz vor Sonnenuntergang soeben mit einigen meiner Brüder von einem Feld heimgekehrt, auf dem wir Schafe gehütet hatten, als ein Cousin von uns mit einem

Brief in der Hand herüberkam. Da mein Vater gerade Urlaub hatte, erreichte ihn alle Post über dessen Vater, der mit ihm im selben Institut arbeitete. Der Bursche war jünger als ich, stolzierte aber daher wie ein Pfau. Er begrüßte nur unsere Eltern und gab ihnen die Hand; uns ignorierte er, als seien wir Dreck. Überempfindlich wie ich war, fragte ich mich sofort, ob er uns wohl meinetwegen übergangen habe. Ich beobachtete den Cousin auch noch argwöhnisch, während er sich nach der Erfüllung seines Auftrages wieder entfernte.

Nachdem er alles gelesen hatte, sagte mein Vater: „Dies ist ein Brief von Wanjiku. Sie schreibt, dass sie in zwei Wochen nach Hause kommt! Und sie möchte", fügte er an meine Mutter gewandt augenzwinkernd hinzu, „dass du ihr schon einmal eine Stelle besorgst, damit sie nicht wie Njaga Zeit mit der Suche vergeuden muss."

Meine Mutter lachte bei der Erinnerung daran und fragte sich zweifellos, wie sie es als alte Frau anstellen sollte, bei solchen Angelegenheiten zu helfen.

Ich freute mich, von Wanjikus baldiger Heimkehr zu hören. Mit ihr und Ngoiri um mich konnte ich meine Zukunft wieder etwas heller sehen. Weihnachten lag schon vor der Tür. Dieses für uns jüngere Kinder stets aufregende Ereignis würde durch die Anwesenheit unserer geliebten Schwester, die so lange in der Ferne gewesen war, noch schöner werden. Inzwischen achtzehn Jahre alt, ließ ich mich von meinem Rollstuhl aus in der Fantasie wieder einmal forttragen zu dem Tag, an dem auch ich in der Lage sein würde, ins Ausland zu gehen. Doch wie immer endete der Tagtraum damit, dass düstere Gedanken die Oberhand gewannen, denn schnell wurde mir wieder bewusst, welch geringe Chancen jemand

wie ich hatte, diesen stets doch vorgezeichneten Weg zu be-
gehen.

12

Wer ist dieser Gott, dass ich ihm Unrecht getan habe? Warum bestraft Er mich so hart? Diese Frage begleitete mich eigentlich immer. Ich betete, wie es mich gelehrt worden war, und versuchte, Gott dabei mein Herz aufrichtig zu öffnen, damit Er darin lesen, es prüfen und wo nötig läutern konnte. Aber jeden Morgen fand ich mich in genau derselben hoffnungslosen Situation wieder. Manchmal sagte ich zu Gott auch, ich *wisse*, dass Er mir die Arme und die Beine strecken und mich befähigen werde, wie alle anderen zu laufen, aber dann bekam ich doch Schuldgefühle, weil ich mich damit anmaßte.

So wieder einmal in meine eigene Misere vertieft, war es mir nahezu unmöglich, die dunklen Schatten wahrzunehmen, die sich in das Leben anderer Menschen schlichen. Was waren denn schon Schatten, wo ich selbst in einer hoffnungslosen Nacht lebte, bar jedes echten Sonnenstrahls, der mich aus meiner Düsternis befreite?

Es war ein Dienstag, ein schöner Tag mit warmem, von einer sanften Brise begleitetem Sonnenschein, und die Ferien hatten schon begonnen. Seit der Frühe passten meine jüngeren Schwestern und ich an unserem Haus auf die Schafe auf. Die Mädchen fragten mich dabei immer wieder nach der Bedeutung verschiedener englischer Wörter und Ausdrücke, während Mungai, mittlerweile ein langer Kerl, nicht weit von uns damit beschäftigt war, eine Koppel einzuzäunen.

Etwa um zehn Uhr kam plötzlich unser Vater nach Hause gefahren. Da dies höchst ungewöhnlich war, hielten wir alle inne und sahen ihn fragend an – etwas schien nicht zu stimmen. Unseren Verdacht, dass etwas passiert war, bestätigte sein Gesicht, das aussah, als stünde er unter einem Schock; es wirkte ganz krank. Sonst blieb er nach seiner Ankunft immer erst einmal stehen, um uns auf meist barsche Art väterliche Fragen zu stellen, doch diesmal warf er uns kaum auch nur einen Blick zu und ging direkt zu unserer Mutter ins Haus. Nach wenigen Minuten kam er schon wieder heraus und fuhr ab, als sei er in großer Eile.

Erstaunt sah ich danach unsere Mutter mit einer Wasserschüssel aus dem Haus kommen und beginnen, sich die Füße zu waschen. Da sie sehr mitgenommen aussah, fragte ich mich, ob sie Magenbeschwerden habe, wie es oft vorkam. Sie zog ihre Fußwäsche so schnell durch, als sei sie ebenfalls in Zeitnot, und band sich dann ein Kopftuch um, ohne zuvor ihr Haar gekämmt zu haben. Verwirrt beobachteten wir ihre hastigen und fahrigen Bewegungen, ihr ganzes sonderbares Verhalten, für das wir nicht den geringsten Anhaltspunkt hatten.

Als sie begann, auf die Hauptstraße zuzulaufen, rannte Mituki ihr besorgt hinterher und rief in klagendem Ton, dass sie wissen wolle, was sie vorhabe. Mutter blieb kurz stehen und sagte mit gebrochener Stimme: „Geh nach Hause zurück und bleibe da! Ich fahre ins Krankenhaus, Njaga liegt dort – er ist sehr krank!" Nach einem Aufschluchzen nahm sie sehr eilig wieder den Weg zur Bushaltestelle auf, während sich Mituki unter Tränen zurück zu uns begab.

Wir waren so beunruhigt, dass wir kaum noch etwas zustande brachten. Mungai gab das Einzäunen der Koppel auf und sammelte seine Werkzeuge ein, und auch mit dem Englischunterricht, der zuvor in heiterer Stimmung stattgefunden hatte, war es vorbei. In der Ungewissheit darüber, was unserem großen Bruder bloß zugestoßen sein mochte, dass es unsere Eltern so schwer bedrückte, rückten wir Trost suchend zusammen.

Vielleicht ist es ja gar nichts so Schlimmes, dachte ich dann aber, sondern sie zeigen einfach nur elterliche Besorgnis wegen der leichten Beschwerden eines Sohnes. Da ich Krankenhäuser erlebt und überlebt hatte, fiel es mir schwer, mich hier nun zu sehr aufzuregen. Nichts, was Njaga jetzt widerfuhr, so dachte ich, könnte annähernd vergleichbar sein mit dem, was ich durchgemacht hatte. Um mich gelassen und besonnen zu zeigen, entfernte ich mich etwas von meinen Geschwistern und begann zu lesen.

Am Abend änderte sich meine Einstellung jedoch, als ich merkte, wie sehr meine Eltern noch immer besorgt und mitgenommen waren. So hatte ich sie noch nie gesehen. Wir versuchten herauszubekommen, was mit Njaga los war, aber sie teilten uns bloß mit, dass er krank sei. War es ein Unfall? Auch dazu sagten sie nichts.

In der Nacht konnte ich vor Unruhe nicht schlafen. Mir war jetzt klar, dass da etwas ganz und gar nicht stimmte, und ich hatte Angst, dass sogar Schlimmeres passieren könnte. Bei der Vorstellung von einem Leben ohne Njaga, ohne seine brüderliche Liebe und Anleitung brach mir der Angstschweiß aus. Die schrecklichen Gedanken verfolgten mich bis zur Morgendämmerung, mit der die ersten Autos, das Klingeln von Fahrrädern und meckernde Ziegen zu hören waren. Ein neuer Tag, aber was würde dieser bringen?

Als ich früh in den sonnigen, durch einen schneidenden Wind jedoch kühlen Morgen hinausrollte, war meine Mutter schon dabei, Brennholz zu spalten. Auch diese allmorgendliche Arbeit zog sie im Eiltempo durch, um schnell wieder zum Krankenhaus fahren zu können. Während sie sich kurz noch das Gesicht wusch, sagte ich ohne jeden Takt: „Bestelle Njaga schöne Grüße von mir. Sage ihm, dass ich alle Bücher, die er mir das letzte Mal geschickt hat, ausgelesen habe und weitere brauche!"

Sie richtete sich auf und starrte mich fassungslos an. Dann sah sie zu Mungai hin, der soeben von der Molkerei zurückkehrte, an die wir die Milch unserer Kühe verkauften. Da das Gras noch nass vom Tau war, setzte er sich neben uns auf die leere Milchkanne, um alles mitzubekommen, was Mutter eventuell berichten würde. Als sie merkte, wie sehr wir darauf brannten, Genaueres über den Zustand unseres Bruders zu erfahren, äußerte sie jedoch nur: „Ich kann euch da nichts Weiteres sagen. Wie ihr schon gestern Abend von mir hörtet, ist Njaga überhaupt nicht in der Lage zu sprechen, weil er ... sehr krank ist." Sie sah mich vorwurfsvoll an. „Das bedeutet natürlich, dass er auch nichts verstehen kann! Begreifst du das? Oder willst du mit mir spielen?"

Ich wollte sagen, dass es mir leidtäte, schwieg dann aber, weil ich dachte, dass Worte es am Ende noch schlimmer machen würden. Mungai und ich sahen einander an und fragten uns tief besorgt, welch schreckliche Tragödie Njaga bloß getroffen haben mochte.

Am Morgen des sechsten Tages von Njagas mysteriöser Krankheit wirkte meine Mutter ein wenig gelöster, da sich bei ihm am Abend zuvor erste Anzeichen von Besserung gezeigt hatten. Außerdem waren es nun nur noch zwei Tage, bis

Wanjiku auf dem Flughafen ankommen würde. Es sah also aus, als könnte es nach allem doch ein glückliches Weihnachtsfest für uns werden.

Gerade dieser sechste Tag jedoch wird niemals aus unserer Erinnerung zu löschen sein. Meine Mutter kam vom Krankenhaus mit solch grimmigem Schmerz in ihrer Miene zurück, dass es auf eine Katastrophe hindeutete. Mich durchfuhr ein Schauder, denn ich war mir sofort so gut wie sicher, welche Nachricht sie für uns hatte: Njaga war entschlafen, war nicht mehr.

Unser Schreien und Schluchzen erfüllte das ganze Haus. Meine Schwestern konnten auch dann nicht aufhören, als Mutter sie anflehte, nicht mehr zu weinen, und daran erinnerte, dass Gott für jeden von uns Seinen Plan habe.

Später berichtete sie uns, was geschehen war: „Er wirkte heute sehr schwach, stellte mich aber noch seinem Freund vor, den ich bei ihm antraf. Ich hielt seine Hand, um seine Wärme zu fühlen, doch noch bevor ich sie wieder hinlegte, war er dahingegangen."

Ich hätte mir nicht vorgestellt, dass meine Familie eine solche Tragödie treffen könnte, am allerwenigsten, dass Njaga, so groß, so gutaussehend und brillant wie er war, als Erster von uns sterben würde. Was mich noch mehr erschütterte, war die Art seines Todes, das Entsetzliche, das im Flüsterton herauskam – er hatte Selbstmord begangen! Es war mir unvorstellbar, dass der Bruder, den ich am meisten beneidet hatte, weil er alles verkörperte, was ich mir für mein Leben ersehnte – Erfolg und gute Gesundheit – so unglücklich gewesen sein konnte, dass er diese Welt zu verlassen wünschte.

Was hatte ihn derart unglücklich gemacht? Seine Ehe war

es! Ein zusätzlicher Schock. Ein Heim mit einer Frau und eigenen Kindern zu haben, war mir als die Krönung aller Erfolge im Leben eines Mannes erschienen. Wie ich ihn beneidet hatte, als er das erste Mal seinen kleinen Sohn nach Hause mitbrachte! Ich war völlig benommen vor Bestürzung und Fassungslosigkeit und konnte nur heiße, bittere Tränen vergießen. Angesichts dieses Verrates schwand viel von dem Glauben und der Hoffnung, die mir noch geblieben waren. Wenn er sein Leben als so leer empfunden hatte, dass er aufgab und den Tod wählte, wofür lebte *ich* dann? Ich dachte an die vielen Male, wo er sich zu mir gesetzt hatte, um mir aus dem dunklen Tal der Verzweiflung zu helfen, indem er neuen Mut in mir anfachte. Unfassbar, dass er die ganze letzte Zeit dabei gewesen war, den eigenen Kampfeswillen zu verlieren, und dann für sich selbst aufgegeben hatte! Wieso nur hatte ich das nicht bemerkt? Es war mir niemals in den Sinn gekommen, dass Menschen, die heil und in jeder Hinsicht gesegnet erschienen, noch unglücklicher als ich sein konnten!

Kurz vor seinem traurigen Tod war ein Brief von einer lokalen Körperbehindertenorganisation eingetroffen, in dem ich aufgefordert wurde, mich von einem Arzt untersuchen zu lassen und dann dessen Gutachten zusammen mit Bescheinigungen über meinen Bildungshintergrund einzuschicken. Nun ohne Njaga, den ich als den Einzigen angesehen hatte, der mich richtig beraten und mir den Weg zeigen konnte, fühlte ich mich sehr unsicher im Hinblick auf dieses Angebot und wagte es nicht, Hoffnung in es zu setzen.

Am Donnerstag derselben Woche traf Wanjiku aus Übersee ein. Welch ein Heimkommen für sie – sie kam nur rechtzeitig, um mit uns die große Trauer teilen zu können. Als sie aus dem Auto stieg, weinte sie bitterlich und war so gezeichnet von ihrem Kummer, dass wir ihr neues Erscheinungsbild erst auf den zweiten Blick bemerkten. Anders als Ngoiri, die schlicht und unverändert zurückgekommen war, schien sie, mit ihren geglätteten Locken und den lackierten Fingernägeln, die westliche Art übernommen zu haben. Sie wirkte fast fehl am Platze in ihrer alten Umgebung, die sich durch den Schatten der Trauer jedoch auch für sie verwandelt hatte. Sie war nicht mehr das Mädchen von früher und dies nicht mehr dasselbe Zuhause. Nachdem sie uns unter Tränen begrüßt hatte, ging sie zu Mama, von der sie mit abgeholt worden war, und schluchzte an ihrer Schulter, bis diese sie sanft wegschob.

Der Tag des Begräbnisses war ruhig und warm, nur gelegentlich, wenn Wolken die Sonne verdeckten, fröstelte uns ein wenig. Versammelt am Grab, warteten wir alle geduldig auf die Überführung des Toten aus der Leichenhalle. Als der Sarg bei uns angekommen war, wurde er für uns geöffnet, damit wir Njaga ein letztes Mal sehen konnten. Als ich auf den stillen leblosen Körper meines Bruders blickte, wusste ich, dass er weit weg in einem Land war, wo nur Friede herrschte. Ich fragte mich, wie es wohl sei, zu sterben, war mir in jedem Falle aber sicher, dass es ein Glück bedeutete, danach die immerwährende Ruhe, diesen ewigen Frieden für Körper und Geist haben zu dürfen.

Nach der Predigt verlas ein Kirchenältester eine Lobesrede auf Njaga, die seine bemerkenswerten akademischen Leistungen, seine Aufenthalte im Ausland und seine berufliche Karriere heraushob. Alle Gesichter waren zutiefst traurig, und jeder wird sich aufs Neue gefragt haben, wie es nur möglich sein konnte, dass er diesen Ausgang wählte, nachdem er doch so viel erreicht hatte. Als es soweit für das ‚Erde zu Erde und Asche zu Asche' war und der Sarg hinuntergelassen wurde, erfüllten Schreie die Luft. Wir würden Njaga nun nie mehr in dieser unbarmherzigen Welt sehen, ihm erst im Himmel wieder begegnen!

Seit dem Vortag hatte ich so starke Zahnschmerzen, dass ich während der gesamten Zeremonie nicht den Mund öffnen konnte, um mitzusingen oder irgendetwas zu sagen. Wer dies bemerkte, dachte sicher, dass ich zu überwältigt von meinem Kummer gewesen sei. Während ich nun mit den anderen weinte, wurden die Schmerzen besonders heftig. Anstatt zu beachten, was danach noch vor sich ging, saß ich mit der Hand auf der linken Wange da und bekam nicht einmal mehr die letzten Ansprachen mit. Sie wurden unter meinen körperlichen und seelischen Schmerzen begraben.

Nachdem das Grab zugedeckt war, schien es mir, als seien die Zahnschmerzen das Einzige, das für mich übrig blieb. Die und meine deformierten Gliedmaßen. In jener Nacht konnte ich all des Kummers wegen, der für mich zusammengekommen war, wieder nicht schlafen.

Am nächsten Morgen ließen die Schmerzen nach. Ich war froh, dass Wanjiku da war und mir viel über London und seine Menschen erzählte. Natürlich erkundigte ich mich auch nach dem Leben der dortigen Behinderten, denn ich wollte herausfinden, ob sie irgendeine Idee hatte, wie sie mir Hilfe vermitteln könnte.

„Weißt du, ich hatte nicht genug Geld und war somit nicht viel unterwegs. Ich weiß nicht wirklich ..." Sie machte daraufhin eine lange Pause, in der sie mich nur hilflos-mitleidig ansah. Ich hätte die Frage besser nicht gestellt, denn durch sie hatte unsere angeregte Unterhaltung ein schlagartiges Ende gefunden. Wanjiku schaute nur noch einmal zu mir hin und zog es dann vor, aufzustehen und sich zu unserer Mutter zu setzen, die draußen Kartoffeln schälte.

Immer, wenn ich Mitleid merkte, das zu nichts führte, fühlte ich mich gleich klein und fehl am Platz. Da war zum Beispiel ein Mädchen, eine Freundin von Mituki, die bei ihren Besuchen stets einen nur wenige Schritte von mir entfernten Sitzplatz einnahm und immer wieder mit mitleidsvollen Augen zu mir herübersah. Sobald ich eine auch nur mäßige Bewegung machte, sprang sie auf, um mir zu Hilfe zu kommen. Ich hasste das so, dass ich völlig still zu sitzen versuchte, bis sie gegangen war.

Eine Woche später beschloss mein Vater, mich zum Zahnarzt zu bringen. Um zwei Fliegen mit einer Klappe zu schlagen, sollten wir auch das Büro der Behindertenorganisation besuchen, die mir geschrieben hatte. Trotz meiner Furcht vor dem Zahnziehen freute ich mich auf den neuerlichen Ausflug in die Stadt. Das letzte Mal, dass ich aus meinem Dorf herausgekommen war, war vor zwei Jahren gewesen, als ich den anderen Backenzahn entfernt bekommen hatte.

An dem vereinbarten Tag fuhren wir mit unserem Wagen die Straße nach Nairobi hinunter. Da ich es gar nicht gewohnt war, kam es mir vor, als rasten wir. Seit der Unabhängigkeit hatten sich die von Afrikanern gefahrenen Autos drastisch vermehrt, und ich beneidete nun all die jungen Leute, die ich hinter den Steuern sah. Bei dem Gedanken, dass viele kaum älter sein konnten als ich, kam ich mir wieder sehr überflüssig vor. Dieses Gefühl wurde noch schlimmer, als uns ein Austin überholte, aus dem vom Beifahrersitz her ein alter Mann lächelnd zu meinem Vater hinüberwinkte. Der Fahrer, sein Sohn, war ein Cousin von mir – ein Junge, der noch die High School besuchte.

Mein Vater, immer der Prediger, fuhr ein gleichmäßiges Tempo und stellte mir dabei dauernd Fragen. Insbesondere wollte er wissen, ob ich wirklich Jesus als meinen persönlichen Retter angenommen habe. Ich kam mir dumm vor, weil ich ihm keine fertige Antwort darauf geben konnte, doch zum Glück dachte er, dass ich aufgrund zu starker Schmerzen nichts herausbekam.

Das Krankenhaus, in dem der Zahn gezogen wurde, lag am Rande der Stadt. Nach der Prozedur, die ohne besondere Komplikationen verlaufen war, fuhren wir zu dem Büro der ein paar Meilen entfernten Organisation. Da gerade Stoßzeit herrschte, war der Verkehr so stark, dass ich ihn nicht mehr interessant, sondern regelrecht beängstigend fand und erleichtert war, als wir bei der Stelle ankamen.

Als wir einparkten, sah ich viele abgestellte Rollstühle. Ich starrte auf einen behinderten Mann, der, einer Kröte nicht unähnlich, vor dem Bürogebäude auf Knien und Händen dahinkroch.[*] Mein Vater ließ mich im Wagen, ging hinein und kam begleitet von einem asiatischen Mädchen zurück, das missmutig dreinsah, an Lächeln nicht gewöhnt zu sein schien. Es half ihm dabei, den Rollstuhl aufzuklappen und mich hineinzusetzen.

---

[*] In Kenia sah man in den Städten bis vor wenigen Jahren zahlreiche Bettler, die sich aufgrund einer frühen Kinderlähmung auf diese Weise fortbewegten. Etliche trugen dazu Gummisandalen an den Händen.

Bei dem Mitleid erregenden Anblick, der sich uns innerhalb des Hauses bot, kam ich mir mit meiner Schwäche überlegen, ja, fast makellos vor. Zum Beispiel war dort ein Junge, dessen Körper so entstellt war, dass die einzigen Partien, die menschlich an ihm erschienen, der Kopf und die Brust waren. Er starrte mich neidvoll an, vielleicht aber hauptsächlich wegen meiner Kleidung. Meine Familie konnte mich wenigstens immer adrett aussehen lassen, und gerade trug ich sogar einen besonders hübschen Pullover, den Ngoiri mir aus Übersee mitgebracht hatte. Der Junge tat mir sehr leid. Er steckte in Lumpen und hatte ein derartig schlimm verdrehtes Beinpaar, dass es schwerfiel, sich vorzustellen, dass dies einst Beine gewesen sein sollten. Einen Rollstuhl zu haben und eine Familie, die immer für mich sorgte, gab mir ein zuvor so nicht gekanntes Gefühl des Glückes und der Sicherheit. Dem Jungen konnte man ansehen, dass er zu den Vielen gehörte, die zu Hause aus Unwissenheit abgelehnt und hinausgeworfen worden waren und niemanden hatten, der sich wirklich um sie kümmerte. Er sah wie ein Straßenbettler aus, mit einer Haut, die unter Schichten von Schmutz verschwunden war.

Während ich mir noch meine Gedanken über seine unglückliche Situation machte, kam das mürrische Mädchen wieder und schob mich in einen Raum, in dem eine weiße Dame und ein asiatischer Herr an einem Tisch saßen. Die Dame begrüßte mich, während der Herr nach einem Formular suchte, in das die Einzelheiten über mich eingetragen werden sollten. Inzwischen hatten bei mir starke Schmerzen eingesetzt, da die Wirkung der Betäubungsspritze des Zahnarztes vergangen war.

„Wie weit bist du mit deiner Ausbildung gekommen?", fragte mich die weiße Dame auf Kisuaheli.

Das fand ich schwer zu beantworten. Ich hatte Lesen und Schreiben gelernt, kannte viel Literatur und konnte schon einigermaßen Englisch, doch wie war ich damit einzustufen?

„Ich bin nie zur Schule gegangen", sagte ich auf Englisch.

„Wie kommt es dann, dass du Englischkenntnisse hast?", fragte sie mit erstauntem Gesicht.

„Meine Familie hat mir geholfen."

Sie gaben mir eine Beschreibung der Kurse, die sie anboten – Handwerke wie zum Beispiel Schustern und Weben – und wollten wissen, was ich bevorzugen würde. Als ich erwiderte, dass ich etwas Geistiges zu tun wünschte, sahen sie mich ziemlich verblüfft an und sagten, dies hier sei keine richtige Schule, sondern ein Heim für Behinderte, in dem man etwas Praktisches erlernen könne. Wenn ich wolle, könnten sie mich aber auch zum Telefonisten ausbilden lassen – wie mir das gefiele? Aufgrund meiner Schmerzen war ich so durcheinander, dass ich gegen meinen Willen zustimmte.

Das Schlimmste kam mit der Frage, ob ich allein zur Toilette gehen könne. Als sie mein Nein hörte, schüttelte die Dame den Kopf.

„Es tut mir leid, dir sagen zu müssen, dass dieser Platz auch nicht wie ein Krankenhaus ist. Wir haben keine Leute, die dich auf das *choo*[*] oder sonst worauf heben könnten. Bei solchen Angelegenheiten wärest du hier ganz auf dich allein gestellt!"

Während ich überlegte, was ich antworten sollte, klopfte

---

[*] Toilette

mein Vater an die Tür und trat ein, ungeduldig zu erfahren, wie der Stand der Dinge war. Sie wiederholte nur noch einmal ihre barschen Worte. Ihre Art machte mir Lust, die direkt vor mir stehende Blumenvase auf sie zu werfen. Sie wirkte gleichgültig und gefühllos, schien im dauernden Umgang mit Menschen wie mir, die Geduld und freundliches Verständnis brauchten, jegliche Sensibilität verloren zu haben.

Papa, der mir meine Schmerzen ansah, fragte die Frau, wo er etwas Wasser für eine Tablette bekommen könne. Kaum von ihren Papieren aufsehend, zeigte sie mit ihrem Kugelschreiber die Richtung. Ihn behandelte sie auch nicht mit viel mehr Respekt.

„Also", wandte sie sich an mich, „ich glaube nicht, dass wir dir hier in irgendeiner Weise helfen können. Wie ich dir gesagt habe, wollen wir nur Leute, die in allen persönlichen Belangen selbstständig sind. Wir wünschen dir viel Glück bei deiner Bemühung, eine bessere Zukunft zu finden."

Ihre kalten Worte durchfuhren mich regelrecht. Dies war ein Platz für Körperbehinderte – wenn ich hier keine Hilfe finden konnte, wohin sollte ich mich dann überhaupt noch wenden, um ‚eine bessere Zukunft zu finden'? Mir war, als habe sie mich zu einem Leben in endgültiger Hoffnungslosigkeit verurteilt. Meine Mutter hatte über die Jahre hinweg versucht, in mir die Flamme der Hoffnung zu erhalten, dass mir irgendwann irgendwer würde helfen können. *Wenn diese Leute das nicht konnten, wer denn dann?* Die Frau hatte die Flamme mit einem Atemzug ausgeblasen und schien sich dessen nicht einmal bewusst gewesen zu sein.

Nachdem mein Vater mit einem Glas Wasser für mich zurückgekommen war, fragte er die beiden Zuständigen:

„Ist es nicht Ihr Ziel, zu rehabilitieren, diese Menschen zu mehr Selbstvertrauen zu führen, statt sie in ihrer Verzweiflung zu belassen?"

Er hatte Mühe, seinen Ärger aus der Stimme zu nehmen. Sie bekamen nur die ausweichende Antwort zustande, dass mein Fall ein Anlass zur Überlegung sei und man mich über das Ergebnis informieren werde. Dann erhoben sie sich, anscheinend um zum Mittagessen zu gehen, und ließen uns verwirrt stehen.

Während wir zurückfuhren, starrte ich auf die Straße vor uns, die Straße, die zu meinem einzigen Platz führte: meinem Zuhause. Alle Wege waren mir versperrt, nur der zu meiner Familie nicht, die sich um mich kümmerte, ohne dessen müde zu werden. Ich würde dort weiterleben müssen, für immer unter diesen Bäumen sitzen und den Vögeln zuhören, dort sitzen wie eine Wache, die in ein fernes Land geschickt wurde, über das eine schreckliche Katastrophe hereingebrochen ist, die Verwüstungen hinterließ, Ruinen ... Mein Vater fuhr schweigend dahin, denn er war jetzt nicht imstande, etwas zu sagen.

Als wir auf das Einkaufszentrum in der Nähe unseres Hauses zukamen, fragte ich mich, ob er wohl daran denken würde, mir eine Cola zu kaufen, denn ich hatte inzwischen großen Durst. Auf diese Idee kam er aber nicht, da ihn seine düsteren Gedanken zu sehr gefangen hielten.

Daheim angekommen, berichtete er Mama:

„Es ist alles fehlgeschlagen, bei dieser Stelle für Behinderte kam nichts heraus – überhaupt nichts! Sie sagten, dass unser Sohn zu hilflos sei, als dass sie ihm helfen könnten. Sie vergaßen, dass ich mir nicht die Mühe gemacht hätte, ihn zu ihnen zu bringen, wenn es anders mit ihm stünde!"

Er lief dabei heftig gestikulierend hin und her, während ich mich von meinen Eltern entfernte und an einen ruhigen Platz verzog, um die Dinge für eine Weile zu vergessen und auch meinem Zahnfleisch etwas Erholung zu gönnen.

13

Als jenes Jahr endete, war ich froh, dass es vorüber war. In ihm war ich überzeugt davon geworden, dass ich niemals finanziell unabhängig werden könnte. Zuvor hatte ich in der Erwartung gelebt, dass ich durch Hilfen und Anleitungen von Fachleuten irgendwann und -wie befähigt würde, ‚auf meinen eigenen Füßen zu stehen' – im übertragenen Sinne.

Meine Erfahrung mit dem Heim für Behinderte hatte mich tief bestürzt, dann aber meine Entschlossenheit verstärkt, mir durch hartes Lernen so weit wie nur möglich selbst zu helfen. Nach dem Motto meines Vaters: Wissen ist der Schlüssel zu allem. Mein Körper mochte ja verloren sein, mein Verstand war es nicht. Ich begann nun, mit noch größerem Ernst zu lesen. An Büchern fehlte es nicht, da Ngoiri eine ziemlich umfangreiche Bibliothek hatte und mir neben Mituki auch Mungai welche aus der Schule mitbrachte. Ich wurde sogar derart mit Lektüre überhäuft, dass manches ungelesen zurückgehen musste.

In dem Maße, in dem ich mich als bestrebt und intelligent erwies, wurde ich in der Nachbarschaft zunehmend akzeptiert, und viele Leute änderten ihre Art, mir helfen zu wollen, indem sie mir anboten, was sie an Lesematerial hatten. Auch etliche Cousins wurden wieder viel freundlicher: Sie kamen nun fast jeden Sonntag, um mich zu einem Spaziergang auf der Straße oder zu sich nach Hause abzuholen. Dort war ich anfangs unsicher, besonders gegenüber Geschwistern von ihnen, die an Begegnungen mit Behinderten nicht gewöhnt waren. Im Ganzen verbesserten sich meine Beziehungen zu den

Leuten sehr, und indem ich mich ihnen aussetzte, entwickelte es sich allmählich, dass ich mich in gewissem Maß auch selbst akzeptieren konnte.

Um diese Zeit herum stellte mein Vater zudem einen Farmhelfer namens Mwaniki ein, der mir ein guter Freund wurde. Wann immer er konnte, streifte er in seiner Freizeit mit mir umher, manchmal viele Meilen weit. Zusammen mit Cousins und Freunden von mir, die uns an manchen Tagen begleiteten, waren wir eine richtig gute Gesellschaft. Sie zeigten mir vieles, das neu für mich war, und halfen mir, meine Scheu zu überwinden, Fremde anzusprechen – sie brachten mich aus meinem Schneckenhaus heraus. Durch sie lernte ich auch Wambui kennen, das Mädchen, das mir die erste Erfahrung schenkte, wie es war, zu lieben und geliebt zu werden. Mwaniki brachte mich fast jeden Abend an ihre Pforte, um uns zusammenkommen zu lassen. Sie war über ein Jahr lang meine Freundin, bis sie plötzlich eine Heirat ansprach. Ich erschrak sehr, aus dem einen Grund, dass ich nicht wusste, wie ein junger Mann in meiner Situation für eine Frau sorgen könnte. Wir saßen unter einem *Muiri*-Baum, als sie eines Tages zu mir sagte: „Du solltest dich besser beeilen, denn ich ... ich kann einfach nicht mehr länger warten!"

Nach der ersten Verblüffung dachte ich einen Augenblick nach. Dann platzte es aus mir heraus: „Wambui, ich kann dich nicht heiraten. Es geht einfach nicht!"

„Liebst du mich denn nicht?"

„Ich tue es, wirklich! Aber sieh doch, ich bin erst neunzehn."

„Na und?"

„Ich bin zu überhaupt nichts bereit!"

Während sie mich mit ihren großen Augen anstarrte, fügte ich offen hinzu:

„Ich bin nun einmal arm. Krank und arm. Es tut mir leid, wenn ich deine Zeit verschwendet habe. Von jetzt an kannst du ... einfach allen Plänen, die du haben magst, frei nachgehen!"

Meine Worte, deren ich mich lebhaft erinnere, brachten sie zum Weinen. Wir trafen uns seitdem nicht wieder. In der Gruppe fanden es alle traurig, dass ich Wambui verlassen hatte. Sie sagten mir immer wieder, dass sie die Richtige für mich gewesen sei und ich mich unfair verhalten habe – doch was hätte ich denn tun können? Ich durfte nicht so unehrlich sein, eine Beziehung aufrechterhalten, von der ich wusste, dass sie uns beide in eine Sackgasse geführt hätte. Einfach mit leeren Versprechungen bei ihr zu bleiben oder mir Lasten aufzubürden, die ich nicht tragen konnte, schien mir der beste Weg zu sein, uns beide sehr unglücklich zu machen. Sie war mehr als gewillt, den Weg mit mir zu gehen, und ich wollte sie ebenfalls von ganzem Herzen, aber ich konnte ihr nicht das Leben verderben, indem ich es mit meinen Missgeschicken verband. Ich hatte sie freigeben müssen. Es folgten noch Zeiten, in denen ich an sie als eine Helferin und Partnerin zurückdachte, die mir Gott als ein Geschenk gesandt hatte, um mich für meine Leiden zu entschädigen. Im Inneren wusste ich jedoch, dass dies nicht die richtige Rolle für sie sein konnte – sie musste ein eigenes Leben haben. So hatte ich sie ohne jedes Erbarmen gegenüber mir selbst gehen lassen. Wie sich herausstellte, hat sie mir wahrscheinlich für vieles zu danken: Als ich sie das letzte Mal sah, war sie eine glückliche Ehefrau und Mutter von vier Kindern.

Während ich noch immer tief bewegt an Wambui und ihre Hingabe an mich zurückdachte, entdeckte ich in den Zeitungen, dass es inzwischen etliche weitere Organisationen gab, die Behinderten und Bedürftigen halfen. Wambui hatte in mir den Glauben an vieles wiederhergestellt – an die Welt allgemein. Mein besonderes Interesse richtete sich auf die United States Aid of International Development (USAid).* Unter Zuhilfenahme eines alten, mit vielen Eselsohren versehenen Postamtsverzeichnisses schrieb ich mit meinem neu erwachten Mut an diese Organisation und erkundigte mich nach der Möglichkeit, Hilfe zu erhalten, sei sie finanzieller Art, hinsichtlich einer Ausbildung oder auch nur in Form eines besseren Rollstuhls. Den Brief gab ich Mituki, damit sie ihn heimlich für mich aufgebe, denn ich wollte nicht, dass mein Vater von ihm erfuhr. Ich hatte schon genug Probleme im Kopf, als dass ich mir noch ein weiteres aufladen wollte, indem ich mich seinem Verhör aussetzte. Er wollte alles wissen, was ich machte, glaubte, für alles verantwortlich zu sein. Selbst bei einem solch harmlosen Brief hätte ich ihn zustimmen lassen müssen; er wäre über meinen Alleingang also sehr verärgert gewesen.

Da ich aber kaum eine andere Wahl gehabt hatte, als seine Anschrift anzugeben, konnte mich die Antwort unglücklicherweise nur über ihn erreichen. So kam er eines Donnerstags mit einem großen Umschlag für mich nach Hause. Dieser enthielt einige Zeitschriften und einen Begleitbrief, in dem USAid mir mitteilte, dass sie Bewilligungen niemals an Einzelpersonen, sondern nur an die Regierungen der Emp-

---

* eine amerikanische Entwicklungshilfe-Organisation

fängerländer geben könne. Ich solle meine Anfrage daher über meine Regierung an sie richten. Es war hinzugefügt, dass man hoffe, die beigelegten, von den United States Information Services* herausgegebenen Zeitschriften würden mein Lesematerial bereichern. Als ich den Brief enttäuscht zusammenfaltete, kam mein Vater, nachdem er sich seines warmen Pullovers entledigt hatte, mit einem Hocker in der Hand aus dem Haus und setzte sich mit ziemlich finsterer Miene neben mich. Er hatte alles bereits gelesen. „Ich möchte dies nicht weiter überbewerten", sagte er, „aber höre: Wann immer du beschließt, einen solchen Brief zu verfassen, lass es mich wissen! Obwohl du jetzt im Englischen schon gut bist, könntest du dich beim Schreiben doch noch vertun und durch eine falsche Formulierung in eine knifflige Lage geraten." Zu meiner Überraschung war er doch nicht so ärgerlich, wie ich erwartet hatte, sondern eher bemüht, mir einen ruhigen väterlichen Rat zu geben. Möglicherweise hieß er die Initiative, die ich gezeigt hatte, insgeheim sogar gut.

Für mich allerdings waren aufs Neue Hoffnungen zunichte gemacht. Mein Seelenfrieden war durch den Antwortbrief so gestört, dass ich mich vorerst kaum wieder auf ein Buch konzentrieren konnte. Dass das reichste Land der Welt mir die Erfüllung meiner kleinen, armseligen Bedürfnisse verweigerte, machte mich fassungslos. Ich hatte um so weniges, gegebenenfalls nur einen Rollstuhl gebeten, und sie hatten mich mit Propaganda-Zeitschriften abgespeist! Aber ich war auch noch in einem Alter, wo man seine Erwartungen leicht zu hoch steckt und sich öde Landschaften in zu fantastischen

---

* Informationsdienste der Vereinigten Staaten

Schattierungen ausmalt.

Wo überhaupt könnte ich noch Hilfe finden?, fragte ich mich. Werde ich wirklich hier unter diesen Bäumen bleiben, immer nur lesen und nie irgendwelche Früchte meiner Arbeit sehen? Der einzige Trost, der mir gegeben wurde, waren die Worte meiner Mutter: „Sorge dich nicht, mein Sohn!"

Um meine Zukunft besorgt, kam Wanjiku bei einem Besuch mit einem neuen, interessanten Vorschlag an. Etwa zwei Jahre zuvor hatte mein Vater, immer ein Mann des Fortschritts, eine Pumpe gekauft und Rohre angelegt, um Wasser aus dem nahen Fluss zu unserem Haus zu leiten. Meine Mutter und meine Schwestern waren dadurch von der schweren und ermüdenden Arbeit befreit worden, zum Wasserholen hinunter und mit den gefüllten Gefäßen wieder bergauf zu gehen. Im Umkreis war es bestimmt die einzige Anlage dieser Art, denn die Nachbarn strömten sehr bald eifrig herbei, um uns Wasser abzukaufen. Ich war für die Entgegennahme des Geldes zuständig und erhielt dafür täglich fünfzig Cent zu meiner eigenen Verwendung. Die übrigen Einnahmen gingen in die Ratenzahlungen für die Pumpe und die Rohre.

Wanjiku schlug Papa vor, mich für mein verdientes Geld ein Sparkonto eröffnen zu lassen. Sie wies darauf hin, dass meine Einnahmen im Monat fünfzehn Schilling ausmachten, außer natürlich während der Regenzeit, wo die Leute unser Wasser nicht brauchten. Die erforderliche erste Einlage von zwanzig Schilling wolle sie für mich übernehmen.

Bei seinem praktischen und wirtschaftlichen Sinn fand mein Vater außerordentlichen Gefallen an ihrer Idee, und er zeigte dies sofort, indem er zehn Schilling dazuspendierte. Da ich schon über ebenso viel verfügte, wurde das Konto auf einer gesunden Grundlage eröffnet. Ich sah das Wassergeschäft bald fast als mein eigenes an; es war die einzige greifbare Sache in meinem Leben, das Konto die erste eigene Sicherheit. Nun freute ich mich auf jedes Monatsende, da ich wieder Geld darauf geben konnte.

Mittlerweile fand ich mich zurecht und war nicht mehr der ‚im Schlamm Steckenbleibende‘ von früher. Ich folgte dem Rat meiner Mutter, mich nicht in die Hände von Leuten zu begeben, die gern mein kleines Vermögen ausnutzen würden. Dies hätte vor allem im Zusammenhang mit Zigaretten geschehen können: Es gab viele junge Männer meines Alters, die gerne rauchten, jedoch nicht genügend Geld dafür hatten. Da stand ich immer in der Gefahr, meine Männlichkeit beweisen und mir zugleich Anerkennung durch die Gruppe erkaufen zu wollen, indem ich als Erster in die Tasche griff. Das Rauchen war auch eine schlechte Angewohnheit von mir, aber ich achtete immer darauf, dass meine so religiösen Eltern diese Unart nicht durch den Geruch bemerken konnten. Zu jener Zeit haftete ihr nun einmal ein Männlichkeitsprestige an, das ich nur zu sehr brauchte. Ich glaubte, dies sei das einzig Männliche, zu dem ich befähigt sei.

Vielleicht war dem aber gar nicht so!

Gatheca kam plötzlich überschäumend vor Freude zu mir. Einige Wochen zuvor waren wir an einem Abend zusammen im Hause eines unserer Cousins gewesen. Nur Gatheca beteiligte sich nicht an den Plaudereien unserer Runde, da er ganz darin vertieft war, in dem trüben Licht einer *nyitira-njare* – einer aus einem Kanister gefertigten Lampe mit einem Baumwolldocht – etwas offenbar sehr Wichtiges zu schreiben. Das Paraffin brannte so schwach, dass er kaum sehen konnte, was er zu Papier brachte. Die Sache war: Er mühte sich frustriert ab, eine Bewerbung um einen Job abzufassen. Als er sie mir zeigte, war ich betroffen von seinem Englisch, das einen vollkommenen Blödsinn ergab. Niemand konnte auf das hin eine Stelle bekommen!

„Da die Lampe jetzt zu schwach ist", sagte ich wie nebenbei, aber von allen mit Erstaunen vernommen, „werde ich dir morgen früh helfen, den Brief zu schreiben."

Nach einem verblüfften und verlegenen Schweigen fragte der Besitzer des Briefes: „Das kannst du tun?"

„Nun ja, ich kann es versuchen", erwiderte ich.

Später, als sie mich in der Dunkelheit nach Hause schoben, machte ich mir doch Vorwürfe. Er war ein Abgänger aus der vierten Klasse, zu schlecht gewesen, um die Schule weiter besuchen zu können – hatte ich ihn in diesem überfüllten Zimmer blamiert? Jeder wusste, dass ich nie eine Schule von innen gesehen hatte, und da behauptete ich nun wahrhaftig vor all den Leuten, dass ich ihm dabei helfen könnte, die Bewerbung zu schreiben!

Meine Selbstvorwürfe verstärkten sich noch, als mir meine Mutter an der Haustür mit der Frage entgegenkam, ob ich denn keine Angst habe, in der Dunkelheit unterwegs zu sein. Ich hatte Angst, aber nur davor, dass sie die Zigarette riechen könnte, die ich geraucht hatte, und auch weil noch eine weitere in meiner Socke steckte – bei einem Herausfallen wäre das dicke Ende nicht ausgeblieben. Mutter wäre überzeugt gewesen, dass meine Freunde mir schlechte Gewohnheiten beibrachten, und hätte ihnen höchstwahrscheinlich verboten, mich weiter auf solche Gänge mitzunehmen, besonders in der

Dunkelheit. Aber es ging alles gut.

Gatheca erschien wie verabredet am nächsten Morgen, und wir begaben uns an einen ruhigen Platz hinter den Büschen, um den Brief aufzusetzen. Während des Schreibens überkam mich der Gedanke: Das ist eigentlich genau der Job eines Büroangestellten – den könnte ich doch gut ausüben, denn meine Beine wären dabei ja nicht gefordert!

Bald mussten wir uns unter das Laubwerk von Bäumen verziehen, um uns gegen einen einsetzenden Nieselregen zu schützen. Dort stellte ich das Bewerbungsschreiben fertig und las es Gatheca dann laut vor. Er war sehr glücklich darüber, und gerade gratulierte er mir lachend, als wir das Geräusch schwerer Stiefel hörten. Mein Vater hatte unseren Lärm gehört und kam nun, um herauszufinden, ob wir irgendwelche Streiche aussheckten.

„Was macht ihr hier?", verlangte er zu wissen, „warum geht ihr nicht ins Haus?"

Da er wusste, wie Jungen waren, argwöhnte er immer, dass meine Freunde mir außerhalb davon etwas Schlechtes beibringen könnten.

Was dachte er denn, was es sei? Ein Liebesbrief?

Während er das Schreiben las, konnte ich beobachten, wie sich seine gerunzelte Stirn glättete.

„Wer hat das geschrieben?"

Gatheca sagte, dass ich das gewesen sei.

Über das Gesicht meines Vaters glitt ein Ausdruck von Stolz und Zufriedenheit.

„Das ist sehr gut!", sagte er. „Ich wusste nicht, dass du so gut schreiben kannst. In Ordnung, wirklich gut. Mach so weiter! Du solltest nur nicht hier draußen im Regen bleiben, weil du dich erkälten könntest!"

Darauf ging er sehr besänftigt davon.

Aufgrund des Briefes bekam Gatheca den Job, was ihn so froh stimmte, dass er kaum stillsitzen und den Mund halten konnte. Zu mir meinte er, dass Gott etwas für mich auf Lager haben müsse, denn derartige Kenntnisse könnten doch nicht ohne Nutzen bleiben.

Die Nachricht, dass ich gute Bewerbungsbriefe schreiben könne, verbreitete sich wie ein Lauffeuer, und so kamen sehr bald weitere Stellensuchende zu mir herüber, um sich helfen zu lassen. Und nicht nur solche: Auch Verliebte, die süße Liebesbriefe geschrieben haben wollten, um das Herz einer Landjungfer schmelzen zu lassen, suchten meine Dienste. Ich wurde bekannt als derjenige, der über all die holden Phrasen verfügte!

Mich freute es für Gatheca, dass er die Stelle bekommen hatte, aber leider hatte ich ihn damit auch an die ferne Welt der Stadt verloren. Noch ein weiterer, für den ich den Bewerbungsbrief geschrieben hatte, bekam den gewünschten Job, und so traf mich zweimal hintereinander das Schicksal, einen guten Freund zu verlieren.

Direkt hinter unserer Hecke gab es einen Platz, der umgeben war von vielen Bäumen und Sträuchern, die Schutz vor Sonne und Regen wie auch den Blicken missbilligender Erwachsener boten. Freunde, die sich scheuten, zu mir ins Haus zu kommen, wenn mein Vater zugegen war, fanden ihn ideal für ihre Treffen mit mir. Für mich war er ein kleiner, schöner Hafen, in dem ich ungestört mit Gleichgesinnten zusammen sein, Witze austauschen und was immer sonst teilen konnte. Hier, in diesem beglückenden Kreis waren viele meiner Wunden geheilt. Aus ihm wanderten nun allmählich immer mehr Freunde ab, jeder getragen von den Schwingen seines Schicksals. Sie ließen mich in meinem Rollstuhl zurück, einen Vogel im Nest, der nicht fliegen kann.

14

Am Ende jenes Jahres kam mir die Idee, mich mit Musik zu befassen. Ich hatte nämlich im Hause eines Cousins das Spiel einer Gitarre gehört und mich sofort in dieses Instrument verliebt. Allerdings wollte ich es nicht wagen, meinen Vater um den Kauf eines solchen zu bitten, da ich mir sicher war, dass er es als Instrument der Sünde betrachtete. Die meisten Männer seiner Generation dachten so, sahen Gitarrenspieler als Schurken und Vagabunden an, die nichts Besseres mit ihrem Leben anzufangen wussten.

So begann ich denn, noch ernsthafter zu sparen; auch ging ich meine Schwester Wanjiku um Hilfe an. Ich erklärte ihr, dass ich fünfundzwanzig Schilling auf meinem Konto habe und eine billige Gitarre bekommen könnte, wenn sie mich etwas unterstützen würde. Als sie bereitwillig zustimmte, wich meine Niedergeschlagenheit einer glühenden Vorfreude. Dieses Instrument spielen zu können, stellte ich mir wunderbar vor, und mir kam sogar der Gedanke, dass ich mir mit ihm vielleicht eines Tages einen Namen machen und so meinen Lebensunterhalt verdienen könnte. Mir war bewusst, dass ich bei den bisherigen Versuchen, meine Zukunft zu verbessern, gescheitert war, doch ich wusste auch von der Gefahr, die darin lag, zu früh aufzugeben, und sei es in einer noch so schwierigen Situation. Bei einem Philosophen hatte ich gelesen: Millionen von Menschen entschuldigen Verwirrung oder Hilflosigkeit während dieser irdischen Zeitspanne vor sich und anderen damit, dass sie einem unabwendbaren Schicksal unterstünden. War es mir auch nicht möglich, die für mein Leben entworfene Grundstruktur zu verändern, so konnte ich doch meine Entschlossenheit und Energie herbeirufen, um innerhalb meiner Grenzen zu einem gewissen Erfolg zu gelangen. Ich musste es einfach weiter versuchen!

Durch Gespräche mit Njaga und Papa wie auch in Büchern Gelesenes war ich langsam davon überzeugt worden, dass es möglich ist, sein Leben zu verändern, wenn man es nur versucht. Nichts Kosmisches könnte dein *ganzes* Leben bestimmen – es gibt Raum für den Willen! Mein Vater pflegte zu sagen: Gott hilft denen, die sich selbst helfen. Sein unermüdlicher Einsatz bezeugte diese Auffassung. Njaga aber war dieser Lehre traurigerweise nicht gefolgt, hatte zu früh aufgegeben. Wenn ich über ihn nachdachte, war mir sehr klar, dass ich dies niemals tun durfte.

Es war ein Freitag, als Mungai mit der für mich bestimmten Gitarre über der Schulter von der Schule kam. Da Wanjiku mir versprochen hatte, ihn schon am Montag damit zu schicken, hatte ich seitdem jeden Tag angespannt den Weg zu uns hinauf beobachtet. Ich war sehr aufgeregt, als ich meinen Traum nun endlich erfüllt sah.

Allerdings gab es da zwei Nachteile: Der eine bestand darin, dass ich nicht wusste, wie man das Instrument spielt; der andere, viel ernstere, war, dass ich es vor der ‚kirchlichen Nase' meines Vaters verborgen halten musste. Doch irgendwie vertraute ich darauf, dass alles schon gut gehen würde.

An einem Tage fummelte ich nur ganz sacht und leise auf dem Griffbrett herum, da ich wusste, dass mein Vater sich irgendwo in der Nähe aufhielt. Ich war mit der Gitarre nun ungefähr zwei Wochen zusammen und, wie ein gewohnheitsmäßiger Dieb, immer kühner geworden, sodass ich jetzt sogar am Wochenende spielte, wo er auch tagsüber zu Hause war. Natürlich musste es passieren: Plötzlich öffnete sich die Tür und er stand da, der Mann, der uns nicht einmal Musik aus dem Radio genießen ließ.

Er war zutiefst schockiert. „Was – was ist *das* denn?", explodierte es aus ihm heraus. „Was hältst du da in der Hand, frage ich dich!"

„Eine Gitarre", stammelte ich.

Ich sah zum Fenster hinüber und erblickte draußen einen Vogel, einen *thonjo*, der gerade auf dem Baum landete, in dem er sein Nest hatte. Ein so kleines Geschöpf, aber wie frei! Ich würde nie ein eigenes Nest haben, in dem ich meine Dinge tun konnte, wie es mir passte. Die Gitarre hatte für mich überhaupt nichts Verwerfliches an sich, sondern war mir viel mehr etwas, das alle Missklänge in Harmonie verwandeln konnte. Könnte man Gesangsstars wie Jim Reeves, den ich außerordentlich bewunderte, als einen Schurken und Vagabunden bezeichnen, oder gar als einen Boten des Bösen? Bedeutete Musik nicht den größten Trost in einem bedrückenden Leben? Aus der Sicht meines Vaters anscheinend nicht.

„Wer hat erlaubt, solch ein abscheuliches, teuflisches Ding vor mich zu bringen, hier in meinem Haus? Wer hat es dir gekauft? Oder stammt es etwa von deinem Geld?"

Während ich dazu schwieg, muss ich allzu bekümmert ausgesehen haben, denn er kam dann zu mir hin und sagte in verändertem Ton: „Sohn, ich meine es gut. Nur interessiert es mich wirklich, woher du die Gitarre hast und was du damit willst."

Zögernd begann ich zu erklären, dass ich gern lernen wolle, sie zu spielen; dass ich die Musik als eine der wenigen Künste ansehe, die für mich zugänglich seien ... Er hörte aufmerksam zu, doch bevor ich alles bis zu Ende herausgestottert hatte, stürzte meine Schwester Njeri ins Zimmer und warf uns in eine völlig neue Krise. „Papa, komm schnell! Mutter ruft nach dir – sie ist sehr krank!"

Mir lief ein Schauer über den Rücken. Ich wusste von der Magenkrankheit meiner Mutter, hatte jedoch, obwohl mein Vater sie schon mehrfach zum Arzt bringen musste, nie gedacht, dass es sich um etwas wirklich Ernsthaftes handeln könnte – ich hatte immer Schwierigkeiten, mich in die Beschwerden anderer zu versetzen, da ich sie mir alle viel leichter als meine vorstellte. Meine Mutter schien mir so stark zu sein; immer war sie eine Quelle der Kraft für mich gewesen, die Säule, an die ich mich lehnen konnte, mein Felsen und meine Zuflucht, wenn um mich herum die Welt zusammenbrach. Etwas in der Stimme meiner Schwester aber versetzte mich nun das erste Mal in richtige Angst um sie.

Ich schob mich zu der Schlafzimmertür meiner Eltern. Die Szene, die sich hier meinem Blick bot, war furchtbar. Meine Mutter, der mir teuerste Mensch, lag mit dem Kopf über der Kante auf dem Bett und erbrach so viel Blut, dass es fast den ganzen Boden zu bedecken schien. Mein Vater stand hilflos über sie gebeugt da, während Njeri und ich ihr in sprachlosem Entsetzen von der Tür aus zusahen.

Nachdem das Erbrechen abgeklungen war, entschied Vater sofort, sie ins Krankenhaus zu bringen. Sie erhob sich schwankend, um sich fertigzumachen, und stieg nach einem schwachen Abschiedsgruß mit Ngoiris Hilfe ins Auto. Später kam mein Vater kurz nach Hause, um uns zu berichten, dass sie wegen ihres hohen Blutverlustes gleich in die Transfusionsstation gebracht worden sei. Dann kehrte er zum Krankenhaus zurück, um sich mit Ngoiri die Nachtwache zu teilen.

Es wurde eine lange, unglückliche Nacht ohne unsere Mutter im Haus und ohne zu wissen, was mit ihr weiter geschah. Wie alle anderen blieb ich wach, obwohl ich ein paar Schlaftabletten geschluckt hatte. Was für ein Tag war das aber auch gewesen! Zuerst hatte ich meinen Vater mit der Gitarre schockiert. Obwohl er zum Schluss freundlicher zu mir geworden war, wusste ich, dass ich ihn mit dem Instrument sehr aufgeregt hatte. Und jetzt lag meine Mutter im Krankenhaus, in der Art von Bett, die ich viel zu gut kannte und so sehr hasste. Ich sah sie jeden Augenblick sterben. Der Tod war für mich nichts Unvertrautes, denn ich hatte ja mitbekommen, wie er ungerührt Menschen in eine Welt wegholte, aus der sie nie wiederkehrten. Mit derselben Gleichgültigkeit, mit der er Njaga, meinen Bruder, fortgenommen hatte, konnte er meine Mutter holen. Ich stellte mir vor, wie es ohne ihre liebevolle Fürsorge sein würde, die mir die seelische Kraft gegeben hatte, mein Los durchzustehen. In jedem Augenblick meines Lebens hatte sie bewiesen, dass ihre Söhne alle gleich für sie waren, keiner besser oder schlechter als der andere.

Das fröhliche Zwitschern von *thonjos* und anderen Vögeln kündigte die Morgendämmerung an. Unser Haus regte sich leise, doch niemand sprach. Vater war sehr spät mit Ngoiri vom Krankenhaus zurückgekommen und hatte dann auch nicht mehr geschlafen. Schon bald musste er wieder aufbrechen, um meine Geschwister vor seinem Arbeitsbeginn zu Mama bringen zu können. Ich wurde damit betraut, das Haus zu hüten.

Mich überwältigte ein richtiger Hass auf mich selbst, weil ich Mama als Einziger nicht sehen konnte. Da meine Geschwister bei ihr bleiben sollten, bis sie am Abend wieder abgeholt würden, saß ich den ganzen Tag allein draußen, zählte die Minuten und sorgte mich unentwegt. Nicht einmal für kurze Zeit wechselte ich zu meinem gewohnten Platz hinter der Hecke über, weil ich lieber den Weg überblicken wollte, in der schwachen Hoffnung, dass doch jemand vorzeitig mit Neuigkeiten über Mama erschiene.

Um etwa 14 Uhr hörte ich einen Pfiff, den Erkennungspfiff, den meine Freunde und ich immer füreinander benutzten. Als mein Besucher herüberkam, wollte er gleich anfangen, mir wie üblich Witze und kleine Geschichten zu erzählen, hielt dann angesichts meiner düsteren Miene aber gleich inne. „Krank oder was?", fragte er. Ich erzählte ihm, was geschehen war, und da fand er es besser, wieder zu gehen.

So wartete ich allein weiter. Ich hatte gelernt, die Stunden festzustellen, indem ich beobachtete, wie der Schatten unseres Hauses mit der Sonne vorankroch. Heute bewegte er sich so langsam; es erschien mir wie eine Ewigkeit, bis er 18 Uhr anzeigte. Gerade wollte ich mich zur Leeseite des Hauses bewegen, um dem kühlen Abendwind auszuweichen, als ich das vertraute Geräusch von Papas Auto hörte. Mein Herz tat einen solchen Satz, dass mir ganz schwach wurde. Welche Neuigkeiten mochten sie mitbringen, von Leben oder Tod?

Der Wagen hielt an seinem gewöhnlichen Platz vorm Haus. Ngoiri, die auf dem Vordersitz saß, den Mama sonst einnahm, warf mir ein kleines rätselhaftes Lächeln zu. Da ich es nicht einordnen konnte, blieb meine Angst bestehen. Sie stiegen alle aus und schickten sich an, ins Haus zu gehen.

Papa gehörte zu den Leuten, denen man eine schlimme Situation nur sehr selten vom Gesicht ablesen kann; es blieb bei gleich welcher Art meist nahezu unbewegt. So wollte ich mich nicht davon täuschen lassen, dass ihm beim Abschließen des Autos keine Anspannung anzusehen war. Er händigte mir wie gewöhnlich die Zeitung aus, bevor er ins Haus ging, sagte aber nichts. Ich starb fast vor Verlangen, Bescheid zu bekommen, doch sie gingen alle nur still und beherrscht an mir vorbei. So fürchtete ich noch immer das Schlimmste. Selbst Mituki, aus deren jungem Gesicht ich gewöhnlich Freude, Kummer oder Gereiztheit ablesen konnte, schritt mit völlig ausdrucksloser Miene an mir vorüber, einer sauber gewischten Schreibtafel gleich. Dann aber winkte sie mir plötzlich lächelnd zu – etwas, das sie zuvor noch nie getan hatte. Mungai kam als Letzter nach, da er zunächst auf die Toilette geeilt war. Ihr Spiel mitspielend (alle Gefühle zu verbergen), fragte ich ihn nur locker, ob es denn Neuigkeiten aus dem Krankenhaus gebe.

„Oh, sie ist in Ordnung. Es geht ihr jetzt schon viel besser! Sie trank sogar schon ein Glas Milch." Im Stillen dankte ich Gott, laut sagte ich: „Ich muss jetzt auch zur Toilette." Mungai, der hungrig aussah, runzelte die Stirn, schien dann aber Verständnis zu haben. Ich war ja den ganzen Tag allein gewesen, ohne jemanden, der mich hätte dorthin bringen können. So übernahm er den Gang mit einem ergebenen Seufzer.

Im Wohnzimmer angekommen, breitete ich die Zeitung auf dem Tisch aus und begann zu lesen. Mein Vater aber erinnerte sich nun, da er wieder entspannter war, der Episode des vorigen Tages und wollte jetzt die ganze Wahrheit aus mir herausbekommen: „Was möchtest du eigentlich wirklich mal werden?"

Die Frage war sehr schwer zu beantworten. Ich hätte gern erwidert, dass ich am liebsten Geschichten und Beiträge für Zeitungen schreiben würde, da ich als Autor von zu Hause aus arbeiten könnte. Doch dies war eine zu große Sache. Ich sprach es nicht aus, weil ich die Liebe meines Vaters zu Aktionen auf dem Boden der Tatsachen – anstelle von hochfliegenden Träumen – kannte.

Er ging es dann anders an, indem er Ngoiri hinzurief und sie fragte: „Glaubst du, dass diese Gitarre von irgendwelchem Nutzen für ihn sein könnte? Oder ist sie nur ein … dummes Spielzeug, das ihn vom rechten Weg abbringt und am Ende sein Leben ruiniert? Was meinst du?"

Ich sah von Papa zu Ngoiri hinüber, in dem Wissen, dass das Schicksal meines Instruments von ihrem Urteil abhing, da Papa sie respektierte und ihrem Wort vertraute.

Ngoiri erklärte mit einem Blick auf mich: „Ich glaube nicht, dass ihm die Gitarre schaden wird. Er könnte doch genauso ohne sie vom rechten Weg abkommen!" Sie äußerte sich immer sicher und direkt, und das mochte Papa. Umständliche Reden hatte er nie ausstehen können. Ich sah ihn den Kopf senken und wusste damit, dass die Angelegenheit entschieden war. Dankbar blickte ich zu meiner Schwester hinüber.

Als mein Vater wieder aufsah, war er schon bei einem neuen Thema: „Für den Fall, dass du doch einmal in eine Schule für Menschen wie dich aufgenommen wirst, wärst du dann froh, allein zu sein ... ohne irgendein Familienmitglied?"

Warum stellte er mir diese Frage? Lag meine Mutter doch im Sterben? Sah er bereits in eine Zukunft, in der ich niemanden mehr hätte, der mir helfen würde?

„Sie haben gesagt, dass ich nicht in solch eine Schule aufgenommen werden kann", erwiderte ich bloß. Mein Vater starrte mich darauf aber nur abwesend an, denn seine Gedanken, die ziemlich zu kreisen schienen, waren schon wieder woanders: „Ngoiri", sagte er, „du weißt, dass es mir sehr widerstrebte, diese Papiere zu unterschreiben, doch dann tat ich es, weil deine Mutter zu sehr gelitten hat."

„Das war gut so", sagte Ngoiri, „sie braucht eine Operation, um das Magengeschwür endlich loszuwerden."

„Ich glaube auch, dass es keine andere Wahl mehr gibt. Es hat ihr schon zu lange zu schaffen gemacht, und jetzt kann sie nicht mal mehr essen", bekräftigte Vater seine Entscheidung.

Ich brachte eine weitere Nacht zu, in der meine Sorgen stärker als die Schlaftabletten waren. Meine Mutter ist nun alt und krank, ging es mir durch den Kopf, und meine Geschwister gehen einer nach dem anderen aus dem Haus. Papa sieht auch schon ziemlich ausgelaugt aus; er altert jetzt schnell, nachdem er sein ganzes Leben so hart gearbeitet und so viel nachgedacht hat. Wenn sich meine Familie ganz auflöst, stehe ich vor einer einzigen Leere – ich werde völlig dem Erbarmen einer grausamen Welt ausgeliefert sein. Zunächst aber beunruhigte mich am stärksten die Ungewissheit, ob die Operation gut ausgehen würde.

In der Zeitung wurde kurz darauf über eine Ölgesellschaft berichtet, die größere Mittel für wohltätige Zwecke vergeben hatte. In meiner Angst vor der Zukunft, die sich fast zur Panik auswuchs, suchte ich ihre Adresse heraus und schrieb einen Brief an sie. Kurz und sachlich teilte ich dem ,sehr geehrten Herrn' mit, dass ich ein Behinderter sei, der Hilfe brauche, vor allem in Form einer Ausbildung. Es sei mein Ziel, selbstständig zu werden, da der Tag nahe, wo sich meine Familie, die mir seit meiner Kindheit geholfen habe, auflöse und ich mich selbst versorgen müsse. Wenn ich über Fertigkeiten verfügte, könne ich dies durch eigene Arbeit tun. Da mir meine Familie eine spezielle Ausbildung mit den erforderlichen Ausstattungen nicht geben könne, bäte ich um eine wohlwollende Unterstützung. Am Abend gab ich den Brief Mituki, nebst einigen Münzen für die Marke. Sie runzelte die Stirn, als sie die Adresse sah, denn sie wusste sehr wohl, dass mein Vater mich davor gewarnt hatte, nochmals ein solches Schreiben zu verfassen, ohne ihn dabei zurate zu ziehen. In ihrer weiblich-besorgten Art schaffte sie es fast, mich zu überzeugen, dass mein Brief verkehrt sei und besser zerrissen würde. Schließlich setzte ich mich jedoch mit meiner Ansicht durch und sie gab ihn für mich auf.

Am Abend desselben Tages kam Ngoiri mit einer Thermosflasche in der Hand vom Krankenhaus zurück, wo sie Mama wieder besucht hatte. Auf unsere bange Frage hin, wie es ihr gehe, sagte sie, es habe sich nach wie vor nichts verschlechtert. Die für den kommenden Tag geplante Operation beunruhigte mich natürlich weiter, auch wegen der Schmerzen, die ihr folgen würden. Ich dachte daran, wie Mama mich immer mit den Worten getröstet hatte, dass ich mich nicht sorgen solle, und wünschte mir zu sehr, über die Entfernung hinweg die Hände ausstrecken und sie auf ähnliche Weise beruhigen zu können.

Mamas Operation verlief aller Sorge entgegen erfolgreich, und ich erfuhr von Papa, dass es bereits aufwärts mit ihr ging. Zunächst erwischte er mich bei einem besonders kläglichen Versuch, aus der Gitarre schlau zu werden. Er hatte den Bus genommen, weil sein Auto zusammengebrochen war, und ich deshalb seine Ankunft nicht gehört. Ohne dass ich es bemerkte, trat er von hinten in das Zimmer ein und hörte sich eine Weile im Stehen an, was ich da an Unsinn produzierte. Für ihn stand die Musik im Dienste der Kirche, und als das geeignetste Instrument zum Preise Gottes sah er die menschliche Stimme an. Zwar duldete er die Gitarre inzwischen als eines der unvermeidlichen Übel, die zu dem irdischen Leben gehören, doch die disharmonischen Bemühungen seines Sohnes, einen allzu weltlichen Rhythmus zu meistern, waren mit Sicherheit zu arg für ihn. Nach einiger Zeit räusperte er sich, um mich auf seine Gegenwart aufmerksam zu machen – ich hätte aus dem Rollstuhl springen mögen.

Er schimpfte jedoch nicht, denn er war in einer ruhigen, für Gebet, Hoffnung und Erbarmen zugänglichen Stimmung, die offenbar nicht aufgebrochen werden konnte, solange Mama im Krankenhaus war: Indem wir vergeben, wird uns vergeben, und indem wir Erbarmen zeigen, wird auch uns Erbarmen zuteilwerden.

„Deiner Mutter geht es gut", sagte er zu mir nur, „bei meinem heutigen Besuch konnte sie schon mit mir sprechen. Sie trug mir auf, euch alle zu grüßen!"

In seinem Gesicht zeigte sich eine große Dankbarkeit, nicht

die alte falsche Gelassenheit, die er in einer Krise gewöhnlich vorspiegelte. Papa war glücklich. Am Abend hatten wir das erste fröhliche Essen miteinander, seit Mama fort war.

Es vergingen jedoch noch Wochen, ohne dass ich sie sah. Dies war so lang, dass ich mich erneut zu fragen begann, ob ich sie je wiedersehen würde. Die anderen, die sie regelmäßig besuchen konnten, erzählten mir ständig, dass sie am nächsten Tag nach Hause komme – morgen, immer morgen! Manchmal musste ich weinen, wenn ich über die ganze traurige Angelegenheit nachdachte. Durch meine Familienmitglieder wusste ich natürlich, dass sie lebte, aber für mich hatte ihr Dasein etwas sehr Unwirkliches angenommen. Die tägliche Thermosflasche war zu dem Einzigen geworden, das es mir noch glaubhaft machen konnte. Insgesamt war mir, als sei Mama ganz aus meinem Leben entschwunden, wie ein Traum.

Dann kam sie aber plötzlich doch nach Hause; es war im Januar 1967. Da uns niemand den Termin ihrer Entlassung mitgeteilt hatte, waren wir doppelt glücklich. Sie sah besser aus, als ich erwartet hatte, und glich überhaupt sehr der früheren Mama. Nur ging sie etwas langsamer, und auch bei ihrer Begrüßung merkte ich, dass sie noch ein wenig geschwächt war, da ihre Hand leicht zitterte, als sie sie mir reichte. Ihr Blick kam mir vor, als fragte sie sich ungläubig, wie ich diese ganze Zeit überlebt haben mochte.

Schon vor ihrer vollständigen Genesung war sie wieder auf der *shamba*, um die Arbeit zu tun, die während ihrer Abwesenheit vernachlässigt worden war. Sie war sehr wütend auf ihren Helfer, meinen Freund Mwaniki, weil er in dieser Zeit völlig nachgelassen hatte, ganz bestürzt, nicht einen ordentlichen Handschlag von ihm erkennen zu können. Streng setzte sie ihm eine Frist für seine Besserung, andernfalls ... Mwaniki, den wir anderen alle verwöhnt hatten, war daraufhin eingeschnappt und zeigte, dass es ihm unmöglich war, sich wieder der alten Disziplin zu unterwerfen, indem er fristlos kündigte. Damit verlor ich einen weiteren Freund.

15

Etwa einen Monat nach der Heimkehr meiner Mutter kam die Antwort der Ölgesellschaft auf meinen Brief. Zuerst eine mündliche, da mein Schreiben in der Ablage eines Mannes gelandet war, der meinen Vater kannte und sich irritiert fragte, weshalb der, obwohl doch gar nicht so schlecht dran, seinem Sohn nicht die notwendige Ausbildung bieten könne und ihn bei einer Firma um Hilfe betteln lasse. Er fand es besser, ihn zunächst an seinem Arbeitsplatz aufzusuchen.

Meinen Vater haute es schlichtweg um. Nachdem er voller Bestürzung mein Schreiben gelesen hatte, beteuerte er, dass er davon nichts gewusst habe und diese Sache sehr bedaure. Aber er erwähnte auch unsere bisherigen Probleme bei der Suche nach Hilfe und dass er die besonderen Ausstattungen, die ich für das Erlernen eines Berufes bräuchte, nicht selbst zur Verfügung stellen könne.

Der Mann von der Ölgesellschaft zeigte für all dies Verständnis, konnte leider aber nur sagen, dass seine Firma ausschließlich an Wohltätigkeitsorganisationen spende, die sich um Menschen wie mich kümmerten. An diesen sei es, denen zu helfen, die es nach ihrer Meinung benötigten. Wir sollten es einfach weiter bei solchen probieren. Bevor er ging, sagte er, dass er meinen Brief wieder mit ins Büro nehme, damit sie mir offiziell antworten könnten. Es tat ihm leid, dass er die Politik seiner Gesellschaft nun einmal nicht um eines Freundes oder Bekannten willen ändern konnte. Immerhin hatte er das Bedürfnis empfunden, all dies persönlich zu erklären, damit kein falscher Eindruck entstehen konnte.

Mein Vater war sehr erbittert, dass ich mich ein weiteres Mal seinen Anordnungen widersetzt und einen Brief geschrieben hatte, der danebengegangen war. Er, der stolze, prinzipientreue und fleißige Mann, war dadurch gedemütigt worden. Entsprechend wütend kam er nach Hause und schnaubte, dass er für mich einfach keine Worte finden könne. „Rede du mit ihm!", wies er meine Mutter an.

So eindringlich sie daraufhin auf die Notwendigkeit meines Gehorsams hinwies, blieb ihr Blick doch freundlich dabei und sagte mir wie so oft, dass ich mir keine Sorgen machen solle. Aber wie konnte ich es hinbekommen, mich nicht zu sorgen?

Überall, wohin ich mich mit der Bitte um Hilfe wandte, wurde ich abgewiesen. Das ständige Leben zu Hause wurde für mich immer belastender; ich empfand mich als dort gefangen, weil die Welt draußen mich nicht haben wollte. *Wir geben keine Hilfen an Einzelpersonen* – mir war, als zielten diese Worte daraufhin ab, mich persönlich zu verletzen, mir zu zeigen, wie gering und wertlos ich sei. Die Menschen, um die die Welt sich kümmerte, waren die mit einem Geist und einem Körper ohne Makel. Sie wurden gefördert, während ich, der ich so sehr Unterstützungen brauchte, übergangen wurde und zu Hause stagnieren musste. Den Hilflosen wurde am wenigsten geholfen, um sie sich am wenigsten gekümmert – dies schien die bittere Regel zu sein.

Ich brachte fast ein Jahr zu, ohne auszugehen. Ich vermisste Mwaniki, der für mich, obwohl er faul war, trank und manchmal Unruhe stiftete, eine große Hilfe gewesen war, da er mich herumgeführt und aus dem Schneckenhaus gebracht hatte. Meinen bevorzugten Platz direkt hinter der Hecke behielt ich indes bei, die Stelle, zu der jeder, der mochte, kommen etwas und Zeit mit mir verbringen konnte. Während der Schulferien hatte ich eine Menge Gesellschaft, und immer bekam ich auch Bücher mitgebracht, weil alle wussten, dass sie mir Freude damit machten. Was davon zu Beginn des neuen Trimesters an die Schule zurückgegeben werden musste, konnte ich der Menge wegen zum Teil nur überfliegen.

Dennoch vergingen mir die Tage langsam. Indem ich älter wurde und mich durch das Lesen geistig weiterentwickelte, geschah in dieser Zeit allerdings etwas auf fast natürliche Weise, ohne Zutun: Meine Ängste und Minderwertigkeitsgefühle ließen nach! Die Leute um mich herum akzeptierten mich nun völlig; wir tauschten uns aus und hörten einander als Gleichgestellte zu. Ich begann zu erkennen, dass nur zählt, wie man über sich selbst denkt – dass das Bild eines Menschen von dessen Selbstachtung geprägt wird!

Aber natürlich gibt es immer auch den merkwürdigen, dummen und unreifen Zeitgenossen, der andere nicht akzeptieren kann, wie sie sind, und Schutzlosigkeit ausnutzt, wo er Gelegenheit dazu findet.

Ich erinnere mich da schmerzlich an einen Vorfall, der sich zutrug, als Mungai mit mir eines Nachmittags den Weg hinunterbummelte, der von oben zu unserem Grundstück führt. Als wir uns einem Haus näherten, das einem unserer Onkel gehört, stießen wir auf dessen Sohn. Er aß gerade *irio*[*], wovon er so viel in seinen schmutzigen und groben Händen hielt, wie diese nur fassen konnten. Nachdem wir uns be-

---

[*] eine traditionelle Speise der Kikuyu aus zu Brei gestampftem jungem Gemüse und Kartoffeln, wenn möglich mit Bratensaft verfeinert

grüßt und ein paar Worte gewechselt hatten, brach zwischen ihm und Mungai eine Auseinandersetzung aus, deren Ursache so belanglos war, dass ich mich ihrer nicht mehr entsinnen kann. Der Junge, Kimani, fing mit noch vollem Mund an zu prahlen, dass er uns beide schlagen könne. Gleich darauf nahm er eine Schleuder aus seiner Tasche und drohte, uns damit zu beschießen.

Es war mir noch nie zuvor geschehen, dass ein nichtbehinderter Junge seine Kraft gegen mich erprobte. Erschrocken bat ich meinen Bruder, sich zu beruhigen und aufzuhören, sich mit diesem Dummkopf zu streiten, damit wir nach Hause gehen könnten. Kaum hatte ich das gesagt, erlebte ich mich als das Opfer einer der gemeinsten Erniedrigungen, die ich mir vorstellen konnte: Kimani spie mir sein gesamtes zerkautes Essen ins Gesicht! Es traf mich mit seiner ganzen Übelkeit erregenden Scheußlichkeit. Ich kniff fassungslos die Augen zusammen, um nicht von dem Matsch geblendet zu werden, und verwünschte mich in stillem Zorn, so zu sein, wie ich war – derart hilflos, dass selbst Jüngere als ich mir antun konnten, was sie wollten. Mit meinen geschlossenen Augen bekam ich nur wenig von dem mit, was noch folgte und ohnehin schnell geschah. Mungai sprang auf ihn, dann rollten sich die zwei Jungen wie Katzen im Gras und hieben aufeinander ein. Sie waren mehr oder weniger gleichaltrig, doch obschon Kimani der Größere war, hatte mein Bruder mehr Kraft. Eine Weile lang war es schwer zu erkennen, wer den schlimmeren Teil abbekommen würde, doch dann hörte ich Kimani winseln und mich anflehen, Mungai zu sagen, dass er aufhören solle. An diesem Tag war ich auf meinen jüngeren Bruder wirklich stolz.

„Ende dieses Jahres werde ich aufhören zu arbeiten", kündigte mein Vater eines Tages plötzlich an.

Obwohl das in etwa anstand, kam es doch wie ein Schock, besonders für mich: Solange Papa sein Gehalt bezog, blieb die Frage meines Weiterkommens wenigstens noch unentschieden. Es konnte sich noch immer eine günstige Ausbildungsmöglichkeit ergeben, die ich nur verpassen würde, wenn das dazu erforderliche Geld nicht mehr da wäre.

„Meinst du damit, dass du nicht mehr arbeiten möchtest?", fragte meine Mutter, die sich nicht darin auskannte, wie das Beschäftigungssystem funktionierte, beziehungsweise wann es den Beschäftigten ausschloss. Mein Vater schwieg, als überlegte er, wie er es am besten anfangen sollte, eine dumme Frage zu beantworten. Bevor er zu einem Ergebnis gelangte, fingen unsere Hunde Simba und Charlie eine Rauferei an, in ihrer Sinnlosigkeit ähnlich der zwischen Mungai und Kimani. Offenbar froh über diese Ablenkung, eilte er nach draußen, um die Auseinandersetzung beizulegen – mit dem Schwung eines Mannes, der noch viele weitere Arbeitsjahre vor sich hat. Er zwang die zwei mit einem Stock, ihren Streit auf einen besseren Tag zu verschieben. Die Hunde gingen darauf ihres Weges, und seine Ruhestandsangelegenheit geriet fürs Erste in Vergessenheit. Aber über mir blieb sie wie eine drohende Wolke.

Nicht lange danach blieb mein Blick beim Durchblättern der Zeitung an der Spalte für Brieffreundschaften hängen. Im Zusammenhang mit solchen hatte ich gehört, dass man sein Glück machen könne, wenn man zu jemandem in einem reichen und mächtigen Land wie Großbritannien oder Amerika freundlich sei. Eine Familie mit Geld könne dich sogar zu sich nach Hause einladen und dir alle Hilfe geben, die ein armer Afrikaner braucht! Vielleicht eine verrückte Idee, aber angesichts eines bald nicht mehr arbeitenden Vaters und der entsprechend sinkenden Chancen für meine Zukunft entschied ich mich, den Versuch zu machen. Mein Blick wurde magisch von der Anzeige eines Mädchens aus Australien angezogen, dem Land der Schafe, Aborigines und Kängurus. Ob ich wohl eines Tages dorthin gehen und die Hilfe bekommen könnte, nach der es mich so verlangte?

Es fiel mir schwer zu entscheiden, was ich schreiben sollte. Ich hätte gerne jemanden gefragt … aber ich hatte doch den Ruf, der beste Briefschreiber in meinem Umkreis zu sein! Also musste ich es allein hinbekommen.

Mungai war verwirrt, als er mich nach Australien schreiben sah; er fürchtete, dass ich schon wieder einen Bittbrief verfassen wollte, ohne unseren Vater zurate zu ziehen. Als ich ihm erklärte, dass ich nur hinter einer Brieffreundschaft her sei, war er beruhigt. Wenig später erhielt Mungai das Ergebnis von seinem Cambridge School Certificate Examination, dem höheren Schulabschluss: Er hatte bestanden! Ich gratulierte ihm natürlich, verspürte dabei jedoch die gewöhnliche Bitterkeit. Bald würde er zur Elite gehören und ich mich verstärkt wie ein Verdammter fühlen. Da es auch nicht mehr lange dauern konnte, bis meine jüngsten Schwestern fortgingen und ein selbstständiges Leben begannen, würde ich bald ganz allein mit meinen alternden Leuten sein. Und was, wenn diese die Welt verlassen hatten? Wer würde sich um mich kümmern, mich ernähren, kleiden und all die kleinen Dinge für mich tun, zu denen ich niemals selbst in der Lage wäre? Würde dann nicht die Welt für mich untergehen?

In meine trüben Gedanken hinein kam mir die Erinnerung an das Sprichwort *Utanamerithia ndatigaga kuhanda:* Der, dem eine Ernte missglückt ist, hört deshalb nicht auf zu pflanzen. Während man daheim aufgeregt über Mungais gute Leistung redete und geschäftig hin und her eilte, dachte ich über Mittel und Wege nach, wie ich mir selbst helfen könnte. Gepflanzt hatte ich ja immer wieder – aber wie konnte ich zu einer Ernte gelangen? Würde meine Erde auf immer unfruchtbar sein oder ich noch einen Ausweg finden?

Schon früher hatte ich von dem Sozialrat[*] des Landes gehört, der verschiedene soziale Dienste koordiniert und vermittelt. Ich beschloss, an diesen zu schreiben, auch auf die Gefahr hin, erneut enttäuscht zu werden, bezog diesmal aber meinen Vater ein, indem ich ihm den Brief zu lesen gab, bevor ich ihn abschickte. Der Rat verwies mich in seiner Antwort an die Organisation für Körperbehinderte.[**] Diese verlangte von mir, zunächst einen Arzt aufzusuchen, um die genaue Art meiner Behinderung dokumentieren zu lassen. Mir rutschte das Herz in die Hose, aber mit Hilfe meiner Eltern kam ich dieser – geläufigen – Forderung nach; die Formulare wurden ausgefüllt und abgeschickt.

Die Antwort darauf war mir schon vertraut: Die Organisation nehme nur jemanden auf, der eins von beidem, entweder seine Beine oder seine Hände ohne Hilfe gebrauchen könne.

---

[*] Kenya National Council of Social Services (K.N.C.S.S.): eine seit 1964 bestehende halbstaatliche Einrichtung
[**] Association for the Physically Disabled of Kenya (APDK): 1950 als erste Behindertenorganisation des Landes gegründet (s.a. S. 223)

Wofür sind sie denn da, fragte ich mich, wenn sie nur weniger Behinderten helfen können? Meine Antwort war ein weiteres Mal, dass diejenigen, die Hilfe am nötigsten brauchen, als Letzte welche bekommen.

Nach dieser Absage erschienen mir die Tage quälend öde und die Nächte endlos, da ich kaum schlafen konnte. Manchmal war mir danach zumute, mein Leben zu beenden. Wenn mich niemand auf dieser Welt brauchte, hatte ich dann nicht das Recht, sie zu verlassen? Ich dachte an meinen Bruder, der in Frieden schlief und damit all seiner Sorgen entledigt war. Vielleicht hatte er das Richtige getan. Diese Welt schien nicht dazu geschaffen, gut in ihr leben zu können. Die Last, die immerfort auf meinen Schultern lag, konnte wohl nur durch den Tod beseitigt werden.

Glücklicherweise hatte ich noch immer Freunde, die dazu beitrugen, dass meine neuerliche Depression langsam wieder nachließ. Mit Robin, dem australischen Mädchen, korrespondierte ich inzwischen regelmäßig. Sie hatte mir ein Gitarrenlehrbuch geschickt und mir damit die ersehnte Chance gegeben, das Instrument richtig spielen zu lernen. Mit Hilfe des Buches bekam ich etliche schöne Melodien und Stücke zustande, und bald begann ich gar mit eigenen kleinen Kompositionen. Beides zusammen verschaffte mir im näheren Umkreis einen gewissen Ruhm als musikalischer Künstler.

Aber ich hatte die Gitarre nicht gekauft, um nur ein paar Lobsprüche einzuheimsen, sondern auch in der Hoffnung, eines Tages Geld mit ihr zu verdienen. Bald schon sollte sich jedoch, als bittere Beigabe des Lebens, weitere Enttäuschung an meine Fersen heften: Ich schrieb an Musikverlage und berichtete ihnen von meinen Kompositionen, doch die meisten machten sich nicht einmal die Mühe, den Erhalt zu bestätigen. Es mag sein, dass meine Briefe unpassend gewesen waren. Die wenigen, die sich mit einer Antwort abgaben, luden mich in ihr Büro ein, ungeachtet der Tatsache, dass ich in meinen Schreiben bezüglich meiner Situation offen und deutlich gewesen war. Mein Vater, der von meiner Enttäuschung erfuhr, sagte: „Lass diese Musik sein! Auch wenn sie manchmal Geld einbringen mag, ist sie doch ein Werk des Teufels – du lobst nicht Gott, wenn du die Gitarre spielst!" Ich war sehr traurig, dass er dieses schöne Instrument erneut so offen ablehnte. Doch trotz der Entmutigungen übte ich weiter darauf, denn so ganz wollte in mir die Hoffnung nicht sterben, eines Tages einen Hit landen zu können. Die größte Begeisterung hatte allerdings nachgelassen; immer mehr wandte ich mich wieder den Büchern zu.

Die nächste Enttäuschung erlebte ich, nachdem ich selbst verfasste Kurzgeschichten an Zeitschriftenverlage geschickt hatte: Sie kamen alle mit höflichen Absagen zurück. Da ich wusste, dass das Schreiben ein sehr schwieriges Geschäft ist, gab ich aber niemandem außer mir selbst eine Schuld. Mungai, der inzwischen ein College besuchte, hatte von meinem brennenden Wunsch zu schreiben gehört und nahm sehr nett daran teil. Nachdem ich ihm einige meiner Geschichten zur Beurteilung gegeben hatte, meinte er, dass er inhaltlich nichts Verkehrtes an ihnen sehen könne, mir aber im Hinblick auf das Sprachliche rate, über ein Fernlehrinstitut an einem Englischkurs teilzunehmen. Diese Idee erschien mir so gut, dass ich meinem Vater davon erzählte.

„Ja, das klingt nach etwas mit Zukunft!", sagte er sehr angetan. „Ich werde ihn für dich bezahlen, egal, was er kostet!"

Als die ersten Lektionen kamen, protestierte ich, denn sie wirkten wie Kinderkram. Ich erklärte, dass ich solch einen albernen, anscheinend für Grundschüler gedachten Kurs nicht mitmachen könne. Mein Vater sprang auf und entgegnete hitzig, dass ich ihn fortsetzen *müsse*. „Er mag ja jetzt leicht sein, aber er wird schwieriger werden. Du weißt doch gar nicht, was noch kommt, oder?"

Der Kurs dauerte zwei Jahre. Es ist schwer zu sagen, was ich durch ihn gelernt habe. Ich war sehr verwundert, dass sie bei mir stets alles als richtig abhakten – als wenn ich niemals falsch gelegen haben könnte! –, und bekam zunehmend den Verdacht, dass das Ganze nur darauf abzielte, etwas für das Fernlehrinstitut einzubringen. Dermaßen schlau konnte ich einfach nicht sein. Sie wollten nur, dass ich mir so vorkam, wollten durch ihre übertrieben großzügige Benotung mein Selbstbewusstsein streicheln, um mich zu halten.

Nachdem mir das klar geworden war, sagte ich zu meinem Vater: „Ich glaube, ich würde besser bei diesem Institut aussteigen! Sie sind nur an Geld interessiert und nicht an irgendjemandes Erfolg."

„Von so was will ich absolut nichts hören! Ich sehe dies hier als deine einzige Chance an, nach alldem, was du schon versucht hast und fehlgeschlagen ist. Wie kannst du abbrechen wollen, nur weil du sehr gut vorankommst? Wenn sie einem wirklich das Geld wegfressen, wird Gott es rächen! Ich bezahle es auf jeden Fall weiter!"

So setzte ich den Kurs fort. Kurz vor dessen Abschluss wollte ich erfahren, ob das Diplom, das ich erhalten sollte, überhaupt von der Regierung oder sonst einer wichtigen Institution anerkannt würde.

„Ja", lautete die Antwort, „in manchen Fällen werden unsere Diplome und Zeugnisse anerkannt. Wir sind sicher, dass Sie auf lange Sicht Ihren Weg damit machen werden."

In manchen Fällen ... Deprimiert zeigte ich diesen Brief Papa und wiederholte dabei meine ernsten Zweifel. Er jedoch bestand darauf, das Diplom abzuwarten, bevor ich es herabsetzte. So wartete ich und erhielt es dann auch. Damit war ich nun ein ausgebildeter Kurzgeschichtenschreiber. Die Geschichte, mit der ich meine Abschlussprüfung gemacht hatte, wurde allerdings abgewiesen wie ein ungültiger Scheck, als ich sie einige Zeit später an eine Lokalzeitung schickte. Der Kurzgeschichtenautor, den das Fernlehrinstitut aus mir gemacht hatte, war noch immer nicht gut, trotz des eleganten Diploms, trotz eines Kurses, in dem alles mit ‚richtig' abgezeichnet gewesen war! Um sicherzugehen, schickte ich dieselbe Geschichte an einen zweiten Herausgeber, doch der sandte sie mir genauso zurück. Ich probierte es darauf mit Artikeln für Zeitungen, bei denen ich aktuelle Themen aufgriff – mit demselben entmutigenden Ergebnis.

Ich war frustriert und verzweifelt. Obendrein machte es mich furchtbar verlegen, dass nun die Freunde, die in dem Diplom eine große Hoffnung für mich gesehen hatten, anscheinend regelrechte Wunder von mir erwarteten.

Doch ich erhielt auch wieder Ermutigung. Eines Tages, als ich draußen in dem Buch eines bekannten afrikanischen Schriftstellers las, kam ein Onkel von mir, ein belesener Mann, hinzu und meinte: „Du solltest ebenfalls Bücher schreiben!" Nachdem er sich die kurze Biografie des Autors auf der Rückseite angesehen hatte, aus der hervorging, dass dieser hochstudiert war, fuhr er fort: „Du musst dafür gar keine akademischen Grade besitzen. Du hast das wesentliche Werkzeug: einen guten Verstand. Dein Vater hat mir von deinem Pech erzählt, dass deine Geschichten fortlaufend zurückgeschickt wurden. Verliere trotzdem nicht die Hoffnung! Schicke nur weiterhin etwas ein – so wirst du schon eines Tages mit einer Geschichte herauskommen!"

Da ich diesen Onkel bewunderte, bedeuteten mir seine Worte sehr viel. Du hast deinen Verstand! Ich erkannte, wie sinnlos meine Begleitbriefe an die Herausgeber gewesen waren: Ich hatte versucht, ihnen Mitleid zu entlocken, indem ich erklärte, warum ich meine Manuskripte nicht persönlich überbringen könne. Ein Autor kann nur geistig verkrüppelt sein – meine körperliche Behinderung bereitete einem Verlag doch nicht die geringste Sorge!

Mungai verliebte sich und heiratete. Meine jüngeren Schwestern waren nun alle fortgegangen, zwei von ihnen, weil sie weiter entfernt eine Arbeitsstelle gefunden hatten, die dritte wegen einer Ausbildung. Nun ganz allein zu Hause, fühlte ich mich wie ein vereinsamter Turmwächter, dem alles Interesse am Leben verloren gegangen ist. Selbst die Gitarre und die Bücher langweilten mich, waren mir nur noch wie Wegzeichen in einer Wüste voller Fata Morganen. Nur wenn Nyangana und Koigi, meine inzwischen besten Freunde, mich besuchten, brachte ich noch ein Lächeln zustande.

Als ich von meinem an einem Zaun gelegenen Platz aus sah, wie Mungai zusammen mit seiner Braut den Hochzeitskuchen anschnitt, fuhr mir eine jähe Angst in die Glieder, schärfer als das Kuchenmesser. Ich glaubte mir plötzlich ganz sicher zu sein, dass es keine Zukunft für mich gab. Die Zukunft, wie ich sie mir erträumt und ersehnt hatte, würde niemals kommen. Ich erinnerte mich zwar der Worte meiner Mutter, die mich stets neu gestärkt hatten – dass ich mich nicht sorgen solle, da es immer etwas für mich geben werde, weil Gott mich nicht vergesse –, aber jetzt konnten sie mich in keiner Weise ermutigen. Hier saß ich nun allein und wie immer an meinen Rollstuhl gefesselt, während mein jüngerer Bruder Hochzeit feierte und einer erfolgreichen Zukunft als Familienvater entgegensah. Mein jüngerer Bruder: An diesem Tag hatte er mich endgültig überholt! Mir war, als verschwände ich in einen dunklen Hintergrund, in nichts als Schatten der Verzweiflung. Ich hätte aufgeschrien, wäre mir nicht noch zu Bewusstsein gekommen, dass sich vor mir eine Menschenmenge befand.

Von meinen übrig gebliebenen Freunden und Kameraden waren um diese Zeit viele wie in Luft aufgelöst, weil jemand seltsamerweise das Gerücht verbreitet hatte, unser Treffpunkt hinter der Hecke sei ein Platz, wo Verbrechen geplant würden. Als ich davon erfuhr, war ich nahezu sprachlos. Warum nur, fragte ich mich, bin ich immer der Einzige, dem Wertvolles vorenthalten wird, nun auch noch der Trost der Freundschaft? Richtig, es gab Straftaten in der Nachbarschaft, begangen von arbeitslosen Burschen. Doch warum wollte man meinen kleinen Hafen des Friedens zerstören, indem man den Blick des Argwohns auf ihn richtete? Ich war mir völlig sicher, dass keiner meiner Freunde an diesen – eher geringfügigen – Vergehen beteiligt war. Als ich meiner Mutter von der ganzen Angelegenheit erzählte, riet sie mir aber, dass ich besser versuchen solle, mich an mich selbst zu halten. Vielleicht, so meinte sie, hätte ich ja schlechte Gesellschaft gehabt und es nur nicht gewusst.

Verbittert entschied ich mich, fortan als Einsiedler zu leben, der ohne Kontakt zur Außenwelt in seiner Klause bleibt. Doch einige Leute, die das bemerkten, beschlossen schon bald, mich aus dem Schneckenhaus herauszuholen, allen voran zwei jüngere Cousinen von mir, ein Schwesternpaar, das mich plötzlich fast jeden Tag besuchte. Die beiden kurierten mich von meiner neuen Feindseligkeit gegenüber der Außenwelt, und so trug doch noch mal die freundliche Seite des Menschen den Sieg davon.

16

Eines Abends kam Koigi, mein treuer Freund, und erzählte mir, dass er der Jugendgruppe unserer Kirche beigetreten sei. Diese wolle auch eine Gesangsgruppe gründen, für die ihnen ein Gitarrist sehr willkommen sei.

„Nun, wie wäre es damit? Du scheinst mir genau der Richtige zu sein!"

„Weißt du, Koigi, ich habe noch nie in meinem Leben längere Zeit vor Leuten gestanden."

„Ach komm, hab keine Scheu – probiere es doch einfach mal aus!"

Trotz meiner Bedenken reizte es mich schon, mich an so etwas zu beteiligen. Nach all den grausam zunichtegemachten Hoffnungen brauchte ich es, mich mit etwas Lohnendem zu beschäftigen. Hinzu kam, dass mit meinem Leiden das Verlangen gewachsen war, Gott nahezukommen und den Sinn hinter den Dingen zu erkennen. Ja, die Idee einer Jugendgemeinschaft gefiel mir.

„In Ordnung", erklärte ich also, „ich werde es machen!"

Noch in derselben Woche nahm mich Koigi an einem Abend mit in die Kirche, wo eine Jugendversammlung stattfand. Als die Zeit dafür gekommen war, stand der Leiter der Gruppe auf und kündigte an: „Eines unserer neuen Mitglieder wird uns nun mit einem gitarrebegleiteten Lied erfreuen!" Es regten sich Neugier und gespannte Erwartung unter den Anwesenden, von denen nur wenige wussten, wer spielen würde. Ich bekam furchtbares Herzklopfen. Sollte das der Augenblick meiner Erprobung sein? Mein Lampenfieber war entsetzlich und meine Angst groß, dass sich alle über mich lustig machen würden. Doch für Panik blieb nicht viel Zeit: Koigi kam schon herüber und schob mich vor den Blicken aller nach vorne. Durch die Menge ging ein Murmeln, als sie sah, wer der Sänger und Gitarrist war – ein Mensch in einem Rollstuhl. Während ich das Instrument stimmte, rann mir der Schweiß nur so von der Stirn.

Mein erstes Lied war die Komposition eines amerikanischen Christen. Ich begann mit zitternder Stimme, aber bald schon gewann ich an Kraft und wurde von dem, was ich mitteilte, fortgetragen. Ich schlug die Gitarre, sang aus voller Kehle und dachte dabei gar nicht mehr an die vielen Zuhörer vor mir und was sie über mich denken mochten. Da war nur noch mein Geist, der auf den Flügeln der Musik schwebte, wunderbarer, besänftigender Musik. Als das Lied beendet war, brachte mich donnernder Applaus in die Wirklichkeit zurück. Ebenso erfolgreich verlief mein zweiter Liedvortrag.

Nach diesem Erlebnis steigerte ich die Zahl meiner täglichen Gebete. Ich sagte Gott, dass ich geschehen lassen wolle, was immer Er vorhabe. Ich dachte an Joseph zurück, den alten Mann im Krankenhaus, der mich die Bedeutung des Gebetes gelehrt hatte, und versuchte mich wieder wie ein unschuldiges Kind zu verhalten, das noch nicht zu streiten weiß. Ich fragte nicht mehr, warum Er mir so viel Kummer und Leid aufgebürdet habe, mir weder die kleinste Heilung noch auch nur einen Moment der Unterbrechung schenkte – Er wusste, was Er mit mir vorhatte.

1975 erhielt mein Vater einen Brief vom Sozialministerium mit der Mitteilung, dass ich zu einem Interview erscheinen solle. Die Befragung sollte im Rift Valley Rehabilitation Center in Nyahururu stattfinden, einem etwa hundertneunzig Kilometer entfernten Ausbildungszentrum für Körperbehinderte. Ich hatte gar nicht gewusst, dass mein Vater etwas in dieser Richtung unternommen hatte.

„Ich erinnerte mich an jemanden, den ich in dem Ministerium kenne, und suchte ihn auf", erklärte er. „Er sagte mir, ich solle einen Antrag schreiben, und das ist nun die Antwort darauf."

Zu dem Interview sollte ich am 14. Januar 1976 um 9 Uhr morgens erscheinen. Da es bis dahin noch über zwei Monate waren, musste ich eine ziemliche Geduldsprobe bestehen. Noch einmal machte ich mir große Hoffnungen. Ich bat Gott um seinen Segen für die Reise, und auch die Jugendgruppe, der ich von dem Bevorstehenden erzählte, wollte für mich beten. Inzwischen war ich in diesem Kreis voll engagiert und versäumte keine der Versammlungen. In ihm fand ich viel Frieden.

Am Tag der Abreise wachte ich sehr früh auf und packte meine Kleidung in eine Kiste. Das Auto, das draußen auf mich wartete, war gemietet, weil unseres die Entfernung nicht mehr geschafft hätte. Bevor wir uns zu ihm hin begaben, sah ich noch einmal im Zimmer nach, ob ich auch nichts vergessen hatte, da ich möglicherweise lange fortbleiben würde: Im Falle einer Aufnahme wollten mich meine Eltern gleich in dieser weit entfernten Einrichtung lassen.

Mein Vater saß vorne neben dem Besitzer des Wagens, meine Mutter mit mir auf dem Rücksitz. Tief bewegt winkte ich meinen beiden jüngeren Schwestern nach, die gerade zu Besuch bei uns weilten. Ich weinte nur deshalb nicht, weil ein Mann seine Tränen in seinem Innersten verbirgt.

Die Reise war die längste, die ich je in meinem Leben gemacht habe. Bei dem hohen Tempo, das der Besitzer des Wagens vorlegte, wo immer es möglich war, ließen wir die gewohnten Straßen und vertrauten Berge schnell hinter uns. Mich überwältigte ein starkes Verlassenheitsgefühl, als ich daran dachte, dass ich nun bald von meinen Eltern getrennt leben sollte. Die Nabelschnur, die mich noch mit meiner Mutter verband, würde nun wohl endgültig durchtrennt werden, und ich würde lernen müssen, auf mich gestellt zu leben.

Nach über zwei Stunden Fahrt kamen wir an eine Kreuzung, an der wir uns des weiteren Weges nicht sicher waren. Wir entdeckten einen Hirten, der eine kleine Ziegenherde hütete, und winkten ihn heran.

Diesen fragte mein Vater nach einem Räuspern: „Kennen Sie die Stelle, wo sie ... wo sie … für Menschen sorgen, die sich nicht selbst helfen können?"

Der alte, in einen schmutzigen Mantel gehüllte Mann kam näher und fragte höflich, was genau er damit meine.

Nach einem kurzen Zögern antwortete mein Vater: „Ich meine die Einrichtung, wo sie Krüppel ausbilden."

Ich wand mich gequält auf meinem Sitz, weil mir das Wort ‚Krüppel' aus seinem Munde viel stigmatisierender erschien als beim eigenen Gebrauch. Der alte Mann erkannte natürlich, dass ich gemeint war, und sah mich mit einem deutlichen Ausdruck von Neugierde und Mitleid an. Während er meinem Vater und dem Fahrer dann den Weg beschrieb, kam in mir allerdings die Frage auf, wer von uns der Behindertere sein mochte. Gut, er konnte auf seinen Beinen laufen, aber davon, wie man sich auch nur einigermaßen sauber hielt, schien er überhaupt keine Ahnung zu haben. Er verstand es offensichtlich nur, sich um seine Ziegen zu kümmern. Nach meiner Ausbildung würde ich viele Dinge tun können, weil ich nicht *geistig* verkrüppelt war. So gesehen war ich möglicherweise im Vorteil. Bei diesem Gedanken ging es mir gleich schon besser.

„Wie heißen Sie?", fragte mich der Vorsitzende des Prüfungsausschusses, der einen dreiteiligen Anzug wie auch eine Brille trug und sehr gelehrt aussah. Nachdem ich ihm meinen Namen genannt hatte, erkundigte er sich, wo ich zur Schule gegangen sei. Meine Antwort, dass ich nie eine besucht, sondern mich, mit der Hilfe meiner Familie, selbst gebildet habe, löste Verwunderung unter den etwa Dutzend Männern aus, die um den Tisch saßen.

„Mit welcher Absicht kommen Sie zu unserer Einrichtung, welche Hilfe erwarten Sie von hier?", wollte einer von ihnen wissen.

„Ich würde gerne lernen, wie man gut schreibt."

Alle starrten mich an.

„Man kann hier leider nur Handwerke erlernen, Schustern, Schreinern und Weben.[*] Bei uns gibt es keine akademischen Kurse!"

---

[*] Die ländlichen Rehabilitationszentren boten, ebenso wie die von nichtstaatlichen Trägern geführten, in der Regel dieselben oder nur wenige andere Handwerke an. Im Industrial Rehabilitation Centre in Nairobi (gegr. 1971) – über das Njuguna eindeutig nicht informiert wurde – gab es dagegen u.a. auch eine Druckerei und die Möglichkeit zu einer Ausbildung für den (immerhin schon einmal angedachten) Bürodienst.

„Ich glaube", sagte der Vorsitzende, „wir sollten seine Eltern hereinrufen, um das Ganze vielleicht besser von ihnen zu hören."

Bevor mein Vater hinzukam, fragte ich, warum der gewünschte Kursus denn nicht ermöglicht werden könne. Der Vorsitzende sah mich an und entgegnete: „Wir können nicht einen Extralehrer für eine Einzelperson wie Sie beschäftigen. Sie müssten schon bereit sein, das Gleiche wie die anderen zu tun!" Er sagte das mit kalter Stimme; anscheinend hielt er mich für einen arroganten Menschen, der zu viel erwartete, statt dankbar zu sein für das, was man ihm dort bot. Mein Vater beantwortete ihre Fragen ähnlich wie ich. Ich spürte, dass wir Feindseligkeit hervorriefen, weil wir nicht dem gewohnten Bild vom verzweifelten Vater mit einem behinderten Sohn entsprachen.

Nachdem wir mit einem sehr unbehaglichen Gefühl den Raum verlassen hatten, wurden wir in einen geführt, wo die Interviewer Absolventen der Einrichtung waren, die nun selbst handwerklich ausbildeten. Sie waren wie Schüler gekleidet, in Baumwollhemden und amerikanische Khaki-Shorts. Die Fragen, die sie mir stellten, glichen mehr oder weniger den vorherigen. Einer, der eine deformierte Hand hatte, streckte diese aus und forderte mich auf, sie zusammenzudrücken, um meine Kraft feststellen zu können. Er sah mich dabei mit der Miene eines Experten an.

In einem dritten Interview hörte ich von zwei älteren Herren nochmals die fast gleichen Fragen. Als ich es hinter mir hatte, rollte ich niedergeschlagen hinaus. Weben, Schustern …! War das alles, was sie mir hier anbieten konnten? Ich wollte Bücher lesen und selbst schreiben! Aber wie hätten mir diese völlig ungebildet aussehenden Handwerkslehrer da auch schon helfen können?

Draußen traf ich meine Mutter wieder. Sie schaute traurig drein.

„Dieser Ort gefällt mir gar nicht!", sagte sie. „Ich habe mich umgesehen und mich nach vielem erkundigt. Alles, was du hier lernen kannst, könntest du auch mehr in unserer Nähe lernen!"

Bevor ich etwas erwidern konnte, stieß mein Vater zu uns.

„Ich werde ihn nicht hierlassen!", sagte meine Mutter zu ihm. „Diese Leute sind nicht sehr anders als das Personal im Krankenhaus, das ihn so verdrecken ließ, dass ihn Schmutz und Schuppen bedeckten. Ihn fast im Urin ertrinken ließ. Ich habe mit ihm zusammengelebt, seit er ein Baby war, habe ihn gefüttert und gewaschen, bis er einiges selbst hinbekam. Dies ist nicht der richtige Zeitpunkt, ihn allein zu lassen, und vor allem nicht der richtige Platz für ihn! Ich mag diesen Ort absolut nicht!"

Mein Vater nickte zustimmend. Dann wurde er hereingerufen, um die Entscheidung über mich zu hören.

„Ihr Sohn", wurde ihm gesagt, „braucht besondere Fördereinrichtungen, die hier nicht zur Verfügung stehen. Wir raten Ihnen deshalb, wieder nach Hause zu fahren. Sollte sich die Situation verbessern, würden wir Sie durch einen Brief benachrichtigen." Mama und ich waren sehr erleichtert.

Auf dem Rückweg sah ich mir die Leute an, die zu Fuß unterwegs waren oder in ihren Autos fuhren – alles Menschen, die ihr Glück nicht zu schätzen wussten. Womit habe ich mein Unglück bloß verdient?, dachte ich einmal wieder.

Diese Menschen hier haben alles, was sie auf dieser Welt brauchen, obwohl sie sich dessen bestimmt nicht bewusst sind. Ich dagegen bin … nur ein hoffnungsloser Krüppel. Ich habe zusehen müssen, wie meine Alterskameraden aufstiegen, während ich gestrandet war und unten festsaß. Mit jedem Jahr wuchsen die Frustration und die Verzweiflung darüber. Das Einzige, was ich tun kann, ist abzuwarten, was Gott für mich bereithält, wie Mama immer sagt.

Der Fahrer war sehr ungeduldig – ein nichtbehinderter Mann, der sich, völlig gleichgültig gegenüber einem Schicksal wie meinem, mit unserer Beförderung lediglich sein Geld verdiente. Er war ärgerlich, weil wir ihm zu lange gebraucht hatten, und raste nun, weil er es kaum abwarten konnte, nach Nairobi zurückzukehren, um zu sehen, wer als Nächster seinen Wagen mieten würde.

Als wir unseren Heimweg fast zur Hälfte zurückgelegt hatten, kam in ebenfalls gefährlichem Tempo ein Bus um die Kurve, während unser Fahrer gerade dabei war, einen langen Tanklastwagen zu überholen. Ich sah den Tod unmittelbar vor Augen, und mich packte eine Angst, wie ich sie so noch nicht gekannt hatte. – Ich wollte leben!

Wofür wollte ich jetzt leben?

Nicht allein dafür, mein Dasein zu verbessern, sondern auch, um der Welt etwas zu sagen.

Das Leben ist, wie jemand geschrieben hat, nicht eine Schlacht, aber doch wie ein Feldzug. Mit seinen Niederlagen und seinen Siegen. Meine einzige Sorge ist, dass in dieser Kampagne die Fähigen dazu neigen, ihre gefallenen Kameraden zurückzulassen.

Freunde habe ich jetzt noch zwei. Es sind Koigi und Nyangana, die oft zu mir kommen und mich in meinen düsteren Stimmungen aufheitern. Freunde in der Not und in der Tat!

Ich werde oft von Bitterkeit überwältigt. Könnte ich aufstehen und mich bewegen, würde ich vieles tun, um anderen Menschen zu helfen, die so hilflos sind wie ich. Im Gegensatz zu denen, die sich fernhalten und fette Gehälter, dicke Autos und große Häuser genießen, ohne einen Gedanken an die zu verschwenden, die täglich unverschuldet leiden.

Der Wagen verlangsamte das Tempo, um in die Auffahrt zu unserem Haus einzubiegen. Wie um mich willkommen zu heißen, schwenkten die hohen Zedern ihre Zweige im Wind. Als wir vorfuhren, standen meine Schwägerin, Mungais Frau, und ihr lächelnder kleiner Sohn schon wartend da, ungeduldig und mit mehr Sehnsucht, als ich es mir je vorgestellt hätte. „Wir können deine Abwesenheit nicht ertragen", sagte sie und sah sehr glücklich darüber aus, dass ich wieder im Schoße der Familie war, dort, wo ich in Wahrheit hingehörte. Als sie mich zu meinem alten Platz hinter der Hecke schob, hörte ich bereits einen vertrauten Pfiff. Es war Koigi. Er hatte den Wagen zurückkehren sehen und war gekommen, um zu erfahren, wie es nun um mein Schicksal stand. Nachdem ich ihm alles erzählt hatte, ging er fort, um Nyangana für mich herbeizurufen.

Die Eltern

Njuguna als junger Mann

Die ersten langen Hosen

Njuguna als Jugendlicher

Epilog

August 2004; wieder ist es Winter in Kenia, doch ein warmer, sonniger Tag. Mit Njoki, Njugunas Frau, die mich in Nairobi abgeholt hat, fahre ich im Matatu* nach – dem Kikuyu nahegelegenen Dorf – Muthiga, etwa 20 km außerhalb der Hauptstadt, vorbei an hoch eingezäunten Villen, Feldern und kleinen Ortschaften mit einfachen Verkaufsständen. Es ist die Straße, die Njuguna als Junge zum Krankenhaus in der Hauptstadt nehmen musste.

Der etwas aufwärts führende Fußweg zu Njugunas Heimstatt – dem Haus, das sein Vater erbaut hatte – ist von Bäumen und Buschwerk gesäumt, seine rote Erde leuchtet in der morgendlichen Sonne. Zur Rechten taucht eine kleine Bananenplantage auf, zur Linken schauen Dächer und Baugerüste zwischen dichten Baumkronen hervor – die Ortschaft wächst. Auf dem mit einem hölzernen Eingangstor versehenen Grundstück steht der Steinbungalow auf einem kleinen Hügel, umstanden von zwei hohen Kaktusbäumen. Ein Seitenweg führt zu dahinterliegenden Holzhütten, die befreundete Hausbauer vorübergehend als Abstellräume und Werkstätten benutzen. Über eine Veranda gelange ich in das kleine, mit bequemen Polstermöbeln ausgestattete Wohnzimmer der Familie. Es dauert eine ganze Weile, bis Njuguna es, unterstützt von seinem Stab, durch einen die Küche abtrennenden Vorhang dorthin geschafft hat. Bei sich trägt er eine Mappe, die sein Nachwort bereits gedruckt und geheftet ent-

---

* in Kenia für den Personentransport sehr verbreitete Kleinbusse

hält. Er hatte sich außerordentlich gefreut, als ich ihn nach unserer Kontaktaufnahme aus der Ferne darum bat, eine Zusammenfassung über sein weiteres Schicksal zu schreiben, und sich damit sofort an die Arbeit begeben.[*]

Nicht nur für das Haus habe sein Vater einen Kredit aufgenommen, sondern auch für Auslandsstudien seiner Kinder, sofern sie kein Stipendium erhalten hatten, erzählt Njuguna zunächst. Ja, sehr zielstrebig sei sein Dad gewesen und streng; er habe hundertprozentig wie ein Weißer sein wollen, ergänzt er mit einem Augenzwinkern, aber man solle dies verstehen, weil er nur weiße Lehrer und Arbeitgeber gehabt habe.

Als wir nach dem Mittagessen beim Kaffee sitzen, gesellt sich Njeri zu uns, eine der jüngeren Schwestern, die Njuguna als Jugendlicher unterrichten musste. Beide lachen herzlich bei der Erinnerung an seine damaligen Versuche, sie mit seinem Stock zur Disziplin zu bringen. Wenig später führt Njeri mich zu der inzwischen 96-jährigen Mutter der beiden, die hinter dem Haus warm eingepackt auf einem Stuhl in der Sonne sitzt. Sie steht sogleich auf und begrüßt mich, indem sie mir strahlend unter vielen Worten in Kikuyu ein ums andere Mal die Hand schüttelt. Für das Foto werden ihr schnell noch die Wollmütze abgenommen, die sie über ihrem Kopftuch trägt, und die Socken glattgezogen, doch dies verringert ihr Lächeln nicht.

Die gemeinsamen Stunden, geprägt von liebevoller Gastfreundschaft und lebhaften Gesprächen, vergehen so rasch, dass wir einen weiteren Besuch vereinbaren. Zu diesem wür-

---

[*] Die im Folgenden verwendeten Zitate entstammen seinem schriftlichen Nachwort.

de ich auch Ausdrucke der gemachten Fotos mitbringen. Githagui junior, der siebenjährige Sohn, hat die Funktionen meiner Digitalkamera umgehend herausgefunden und bewundert bereits die gespeicherten Bilder.

Nach seiner Entscheidung, es nicht mehr mit Hilfe von außen zu versuchen, war für Njuguna die Zeit bald ausgefüllt gewesen mit dem Verfassen seiner Autobiografie, zu der ihn auch Ngugi wa Thiong'o ermutigt hatte.* Darüber hinaus schrieb er Artikel, vornehmlich über Probleme der Behinderten, die die kenianischen Tageszeitungen *Nation* und *Standard* veröffentlichten.

Die Freude über die Publikation seines Buches hielt jedoch nur zwei Jahre an: „Die Besitzer von *Komet Publishers* in Nairobi zerstritten sich und schlossen den Verlag, womit ich wieder auf Null zurückgeworfen war. Ich versuchte, hier einen neuen Verlag zu finden, doch leider vergeblich." Erneut suchten ihn Niedergeschlagenheit und Mutlosigkeit heim. „Ich konnte mich nicht mehr aufs Lesen konzentrieren, zu manchen Zeiten, selbst wenn ich es gewollt hätte, nicht einmal mehr mit irgendjemandem sprechen. Alle meine Freunde, Cousins und Geschwister wurden sehr beschäftigte und verantwortungsreiche Leute. Viele hatten auch geheiratet und Kinder aufzuziehen, während meine Gesellschaft alle Tage nur in meiner Mutter bestand, die mich wie auch das ganze Anwesen versorgte und so oft nicht genügend

---

* Neben Meja Mwangi ist Ngugi wa Thiong'o Kenias bekanntester Schriftsteller. Er stammt aus Njugunas Bezirk, ging jedoch 1982 ins britische Exil – von dort in die USA – und besucht seither nur noch gelegentlich seine Heimat.

Zeit finden konnte, um ein kurzes Gespräch mit mir zu führen und mir Trost zuzusprechen."

Es ergab sich schließlich jedoch, dass er auch ihr in gewisser Weise behilflich werden konnte. „Ich begann ihren Arbeiter zu kontrollieren, der sie, wie ich bemerkt hatte, betrog: Er schlich sich immer wieder während der Arbeitszeit hinaus, um sich beim Einkaufszentrum mit anderen Müßiggängern zu treffen. Noch besser wurde es für mich, als ich, da Mamas Kräfte durch das Alter nachließen, auch danach sehen durfte, dass ihr Garten gut gehalten und ihre beiden Viehherden ordentlich gefüttert wurden." Zuvor habe sie den Besitz so erfolgreich gemanagt, dass man nicht gedacht hätte, dass sein Vater nicht mehr da war (er verstarb 1979).

Im Laufe der Zeit verstärkte sich in Njuguna aber auch der Wunsch nach einem eigenen Platz. Zu seiner Überraschung verstand ihn seine Mutter darin, wollte als Lösung jedoch nur von einem Anbau an ihr Haus wissen: „Ich will nicht, dass du von mir fortgehst – du brauchst mich doch für fast alles: die Mahlzeiten, das Erwärmen des Badewassers und deine Sicherheit überhaupt!"

Njuguna stimmte zu und war bereit, diesen Anbau selbst zu finanzieren: „Von den ersten Einkünften aus meinem Buch hatte ich ein Kalb erworben, das inzwischen zu einer Kuh herangewachsen war, die so viel Milch gab, dass ich einen Teil davon verkaufen konnte.* Zusammen mit den Einnahmen aus dem Wassergeschäft meinte ich die erforderlichen

---

* Während Kühe traditionell primär als Prestigeobjekte gehalten wurden, dienen sie heute besonders den in der Nähe von großen Städten lebenden Kikuyu meist für den Verkauf ihrer Milch (vgl. Jomo Kenyatta 1965, S. 63f.).

Materialien für einen eigenen Trakt mit Schlafzimmer bezahlen zu können. Es lief jedoch nicht so einfach wie gedacht; der Bau konnte nicht innerhalb eines Jahres abgeschlossen werden, obwohl auch Mama Geld beigesteuert hatte. Ich musste warten, bis die Kuh gebar, um an mehr Milch und so an weitere Finanzen zu kommen." Seine Ungeduld wurde schließlich so groß, dass er den Rohbau von seinem vorerst nur fertiggestellten Schlafzimmer aus zur Durchfahrt benutzte, um selbstständig nach draußen gelangen zu können.

Der Trakt enthält heute neben dem Schlafzimmer eine Küche, eine einfache behindertengerechte Toilette und das kleine Wohnzimmer mit Veranda, von der eine Rampe auf das Grundstück führt. Für Verwandte, die sich länger aufhalten wollen, steht Raum im Haupthaus zur Verfügung.

Nachdem die erhöhte Eigenständigkeit den Reiz des Neuen verloren hatte, begann sich Njuguna, inzwischen in den Vierzigern, ernsthaft mit Gedanken an Heirat zu beschäftigen. Seine bisherigen Beziehungen waren von seiner Ablehnung belastet gewesen, „eine Familie zu gründen, für die ich alles erbetteln müsste". Er hatte stets Angst vor einer Bürde gehabt, die über seinen Möglichkeiten lag.

Sich allein, ohne Hilfe außerhalb seines Grundstücks zu begeben, ist ihm nach wie vor nur sehr eingeschränkt möglich. Vorübergehend war er an einen elektrischen Rollstuhl gekommen, doch der konnte, als er defekt wurde, nirgends repariert werden; daneben erwiesen sich die Batterien als zu teuer. So benutzt Njuguna seit langem wieder den Rollstuhl, der ihn in seinen jungen Jahren zunächst so enttäuscht hatte, stets den alten Metallstab in der Hand. Damit kann er nur auf einigermaßen glatten oder abwärts führenden Strecken allein vorwärtskommen. Dafür, die Räder eines leichten Modells zu bewegen, wären seine Hände zu schwach, noch mehr für die in Kenia häufig verwendeten Rollstühle für stark Gehbehinderte, die anstelle von Lenkstangen Pedale für den Handgebrauch haben.

Doch es trat eine Frau in sein Leben, die ihm eine wirkliche Partnerin und Helferin werden sollte. Der Weg bis zu ihrer Eheschließung war allerdings nicht ohne Hindernisse.

„An einem kalten Tag kam, während ich auf meiner Veranda saß, ein Mieter aus der nahen Nachbarschaft, um Wasser bei mir zu kaufen. Begleitet von einem Mädchen, das ich nicht kannte, brachte er eine Schubkarre mit drei großen Kanistern mit. Die Blicke der jungen Dame erwärmten mich durch und durch, aber ich konnte nicht reagieren, weil ich nicht wusste, welcher Art die Beziehung zwischen den beiden war. ‚Welch ein schönes Mädchen haben Sie!‘, äußerte ich vorsichtig, als sie den Rückweg mit schwerer Wasserlast antraten. Der Mann drehte sich darauf betont gleichgültig zu mir um. ‚Sie können es nicht bekommen‘, sagte er und machte sich mit seiner Schubkarre davon. Ich hielt mich überhaupt nicht weiter mit dem Thema auf, sondern widmete mich, kaum war ich zurück im Haus, einem Buch, bis Mama das Mittagessen brachte.“

Die Fürsorge seiner Mutter belastete ihn allerdings zunehmend, umso mehr, als sie alt und schwach wurde. Dabei blieb sie so überbehütend, dass Njuguna es sich oft verwehrte, zu der großen Straße zu fahren, um Autos und das Kommen und Gehen von Leuten beobachten zu können: Er hasste es, sie eilig nachkommen zu sehen, um ihn aus Angst, er könne in Regen geraten, wieder zurückzuschieben. Gelegentlich glaubte sie nun auch mitten am Tag, es sei spät und die Dunkelheit breche gleich herein. War es dies nicht, wies sie auf Winde hin, die ihm eine Erkältung bescheren würden.

Im Laufe der Zeit lernte Njuguna die junge Dame, Njoki, näher kennen, da sie die Wasserkäufe zunehmend allein fortsetzte. Sie unterhielten sich jedes Mal eine Weile und freundeten sich dabei an. Nach und nach kam sie auch in Kontakt mit seinen Freunden und einigen seiner Verwandten. „Sie war sehr gläubig und zu jedermann ausgesprochen nett. Später erfuhr ich, dass sie meine Mutter sogar schon geliebt hat, bevor wir uns kennenlernten.* Allmählich mochte ich sie so sehr, dass es mir schwerfiel, noch irgendetwas zu tun, bis ich sie wiedersah und mich vergewissern konnte, dass es ihr gut ging. Aufgrund der Unschuld, die ich an ihr bemerkte, wollte ich sie vorerst jedoch nicht um eine intime Beziehung bitten.“

Sein Freund Koigi ermutigte ihn eines Tages bei einer gemeinsamen Tasse Tee, sich ihr zu erklären. Njuguna war inzwischen auch so weit, dass er sich lieber eine Niederlage einhandeln wollte, als sein Glück unversucht gelassen zu haben. „In dem Mädchen sah ich, was ich noch in keinem anderen gesehen hatte, selbst in denen nicht, die laut gesagt hatten ‚ich liebe dich‘.“

Er saß an seinem gewöhnlichen Platz hinter der Hecke, als Njoki zu dem von ihm erbetenen Treffen kam, begleitet von ein paar Kindern, die sie zu beaufsichtigen hatte. Nach sei-

---

* Njugunas Mutter ist im weiten Umkreis hoch geschätzt und beliebt. Njeri berichtete mir, dass sie als Mitglied des Kirchenvorstandes dafür gesorgt hatte, dass in der Region die Beschneidung der Mädchen eingestellt wurde.

nem Heiratsantrag schwieg sie lange; schließlich erbat sie sich zwei Wochen Bedenkzeit. Es wurden drei, und es war Koigi, der ihm die Nachricht überbrachte, dass Njoki eingewilligt habe. Sie hatte ihn angerufen.

Die Neuigkeit brachte eine freudige Bewegung in Njugunas Familie. Doch es gab auch einige Verwandte, die Njoki unterstellten, nicht in ihn verliebt, sondern hinter etwas her zu sein, das er besitzen mochte. Regelrecht krank machte ihn, dass manche sogar schworen, seinen Gang zum Altar zu vereiteln: Er leidet seither unter Bluthochdruck. Njoki erlebte ähnlichen Widerstand seitens ihrer Familie: Wie konnte es einem so schönen Mädchen erlaubt sein, sich mit einem Krüppel einzulassen? Unter dem Vorwand, ihr Vater habe gerufen, lockte man sie wiederholt aus Njugunas Haus, und als die ersten Hochzeitsvorbereitungen bereits liefen, hielt man sie sogar einmal eine Woche lang von ihm fern. Daraufhin zogen sie entgegen ihrem Vorhaben ohne Trauschein zusammen.

Ihre Heirat fand ein Jahr nach der Geburt ihres ersten Kindes, einer Tochter, statt. „Es war eine schlichte Feier mit wenigen Verwandten, aber einer ganzen Menge Freunden, und ich würde sagen, es war das erste große Ereignis, bei dem ich positiv im Zentrum der Aufmerksamkeit stand. Einige meiner Schwestern arbeiteten äußerst fleißig, um es zu einem unvergesslichen Erlebnis in unserer Familiengeschichte zu machen. Die im Widerstand waren, blieben der ganzen Sache fern, doch Gottes gute Segnungen folgten uns überallhin."

Eineinhalb Jahre später bekam das Ehepaar einen Sohn, über den Njuguna glücklich war wie niemals zuvor. „In dem Augenblick, als ich ihn zum ersten Mal sah, erkannte ich, dass er wie ich aussah; er war mein wirkliches Ebenbild!" Er erhielt auch den Vornamen seines Vaters.

Die Kinder haben sich gut entwickelt und gehen inzwischen längst zur Schule; daneben helfen sie ihrer Mutter bei den täglichen Arbeiten. Njoki verdient Geld für die Familie mit dem Verkauf von Gemüse und Früchten aus ihrer *shamba*, Njuguna durch seine weiterhin stattfindenden Wasserverkäufe. Sie hätten sich bisher noch nie gestritten, sagt er; wenn es Probleme gebe, würden sie diese konsequent ausdiskutieren. „Die Kinder sind für uns beide ein wirklicher Segen, und mich hält die Wärme in meiner Familie wahrhaft aufrecht. Ich werde nur noch schweigsam, wenn ich gerade niemanden zum Ansprechen habe", fasst Njuguna die glückliche Wendung in seinem Leben zusammen. „Ich spreche während des Tages mit meiner Frau, wenn sie ihre Arbeit verrichtet, und an den Abenden bin ich immer bereit, meinen Kindern bei ihren Schulaufgaben zu helfen."

Eine Freude ist ihm auch, dass die beiden ihn über die Bewegungen und das Ergehen seiner Mutter auf dem Laufenden halten, denn sie leidet inzwischen an der Alzheimerkrankheit.[*] Besonders beruhigend ist für ihn, dass die Kinder zuverlässig seinem Auftrag gemäß auf deren regelmäßige Einnahme der Medikamente achten. Er vergisst seiner Mutter niemals, was sie für ihn getan hat, und ist ergriffen, wie weit ihr seine Situation auch jetzt noch bewusst ist: „Zu so mancher Zeit denke ich daran zurück, wie Mama mich gepflegt hat, besser als die sogenannten Krankenschwestern, die mich in den Kliniken versorgten. Sie tat alles für mich, damit es mir an nichts fehlte. Heutigentags fragt sie mich in fast regel-

---

[*] Zuvor hatte sie noch drei weitere Magenoperationen gut überstanden.

mäßigen Abständen, ob ich denn jetzt wieder gehen könne, und antwortet dann auf meine Verneinung hin stets, ich bräuchte nur fortgesetzt zu beten, und Gott werde meine Beine schon strecken. Ihre Sorge um mein leibliches Wohl zeigt sie nun damit, dass sie jedweden im Hause aufruft, sich zu erkundigen, ob ich etwas zu essen oder zu trinken bekommen habe. Das ist für mich unglaublich! Wenn ich sie betrachte, wie sie auf ihren Stock gestützt umhergeht, frage ich mich, was ich nur tun könnte, um ihre körperliche Schwäche und ihren Gedächtnisschwund zu lindern. Es bleibt mir einfach nur zu sagen: Sie war und ist meine gute Mutter und mein Arzt." Aber ein gewisser Rollentausch sei natürlich schon gekommen, fügt er mit einem kleinen Lächeln hinzu.

Vor unserem Abschied fällt die Sonne bereits schräg durch die Bäume der *shamba*, auf der wir in Gespräche vertieft sitzen, mit Blick auf ferne Hügel. Zuvor hat mir Njuguna noch die neue Stelle für seine Wasservergabe gezeigt: Sie liegt in einem kleinen verschlossenen und vergitterten Steingebäude, nachdem ihm seine letzte Kuh über Nacht gestohlen worden ist und er dadurch nur noch diese Einnahmequelle besitzt. Er wirkt gelöster als bei unserer ersten Begegnung, lacht auch viel häufiger. Ob mich seine Sonnenbrille störe, hatte er mich höflich gefragt, als wir uns nach draußen begaben – ich finde ihn gut aussehend mit ihr, nicht weniger mit seiner Schirmmütze.

Aus Sicherheitsgründen ist es notwendig, vor Einbruch der Dunkelheit zurück in Nairobi zu sein; die Dämmerung ist stets kurz. Während wir uns zum Abschied nachwinken, erscheinen etliche Nachbarn und Kinder, um Njuguna zu besuchen – ein Zeichen von afrikanischer Solidarität, die mich immer wieder beeindruckt und beschämt fühlen lässt ob unserer häufigen Schwierigkeiten, ungezwungen mit Behinderten umzugehen.

Njuguna mit seiner Familie

Njugunas Haus (auf der linken Seite sein Trakt)

Veranda und Rampe (rechts der Kuhstall)

Die geliebte Hecke

Die *shamba* der Familie

Njuguna an seinem heutigen Wasserhäuschen

Der Weg von der Hauptstraße zu Njugunas Haus

Die Landschaft hinter der *shamba*

Njugunas Mutter mit Feuerholz im Garten

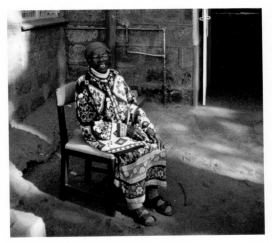

Im Hof des Hauses

Zu den Kikuyu

Die Kikuyu, denen der Autor angehört, bilden gemäß offizieller Zählung die größte Volksgruppe Kenias. Sie kennzeichnet von alters her ein demokratisches, von Ältestenräten getragenes Regierungssystem, dazu besondere Tüchtigkeit in Landwirtschaft, Handwerk und Handel. Dank ihres Fleißes und Geschäftssinns, unterstützt jedoch auch durch den Vorteil der Nähe ihres Wohngebietes zu der Hauptstadt Nairobi, nehmen sie heute einen führenden Platz in der kenianischen Wirtschaft ein.

Auch politisch kommt den Kikuyu eine herausragende Rolle zu: Aufgrund der Enteignung großer Landgebiete und Abdrängung in ein kleines Reservat formierten sie bereits 1919 eine Opposition (die Kikuyu Association) gegen die britische Herrschaft. Einen bewaffneten Kampf nahm ihre 1948 gegründete Mau-Mau-Bewegung auf, der zwar 1956 – bei sehr hohen Verlusten unter ihren Mitgliedern – militärisch niedergeschlagen wurde, jedoch langsam wachsende Zugeständnisse seitens der britischen Kolonialregierung nach sich zog. Einer ihrer bedeutendsten Mitstreiter, Jomo Kenyatta, wurde der erste Präsident des unabhängigen Kenia.

In die traditionellen Gepflogenheiten der Kikuyu gewährt die umfassendsten Einblicke der Ethnologe L. S. B. Leakey. Zu den Einstellungen gegenüber ihren Behinderten führt er für die Zeit vor der europäischen Einflussnahme – durch die Besiedlung des Hochlandes durch die Briten ab Beginn des 20. Jahrhunderts – an, dass Neugeborene mit extremen Abnormitäten wie eine Fehlgeburt betrachtet und durch Ausstopfen des Mundes mit Blättern erstickt und in den Busch geworfen wurden.[*] Leichte Abnormitäten, wie sechs Finger oder Zehen oder eine Hasenscharte, zogen einen speziellen Spitznamen sowie die Verweigerung einer Geburtszeremonie nach sich. Nach einer Geburt mit den Füßen zuerst, bei sich bereits abzeichnenden Zähnen oder einem auffallenden Mal musste vor der Durchtrennung der Nabelschnur ein Lamm geschlachtet werden und das Kind nach der – mit etwa 5 Jahren stattfindenden – Wiedergeburtszeremonie bei seinem Vater oder der Großmutter leben, da man glaubte, dass andernfalls auch das nächste Kind abnorm würde.

Für die Bewertungen der übrigen Beeinträchtigungen und Behinderungen kann nur auf die verschiedenen Strafmaße zurückgegriffen werden, die Leakey für die physische Schädigung eines Mitmenschen schildert. Am stärksten geahndet wurde ihm zufolge die Verursachung von Blindheit: Der Schuldige musste mit 80 Ziegen und Schafen sowie 1 Widder an den Geschädigten, dazu 7 Widdern an den Ältestenrat zahlen. An zweiter Stelle – Abgabe von 50 Ziegen und Schafen und 1 Widder an den Geschädigten, 2 Widdern an den Ältestenrat – stand der angetane Verlust einer Gliedmaße. Am geringsten geahndet wurde die Verschuldung eines Ohrverlustes (Abgabe von 1 Schaf und 1 Widder). Die hervorstechende Berücksichtigung des Ersteren lag in der Sicht der Kikuyu begründet, dass ein Blinder praktisch ein toter Mensch sei.

---

[*] Tötungen von missgebildeten Neugeborenen wurden unter der Kolonialregierung nach Möglichkeit geahndet, waren jedoch auch vor dem Hintergrund der notwendigen Selbstversorgung der traditionellen Gemeinschaften zu betrachten.

Im Kontext von Krankheiten tauchten Schuldfragen bei Windpocken und Lepra auf: Für Windpocken wurde der ‚böse Geist', für Lepra der Bruch eines Stammestabus oder Ungehorsam gegenüber den Anweisungen eines sterbenden Elternteils verantwortlich gemacht. Windpockenkranke wurden, da am meisten gefürchtet, physisch vollständig isoliert, von Lepra Befallene dagegen erhielten – anders als in anderen Volksgruppen – eine Chance zur Linderung ihrer Beschwerden durch zeremonielle Reinigung und magische Behandlung.[*]

Hinsichtlich der persönlichen Erfahrungen eines Kikuyu mit einer körperlichen Behinderung, die während der Lebenszeit eingetreten war, liegt mir außer Njuguna Githaguis Geschichte lediglich die Aussage eines poliogelähmten Bettlers vor, dass in der Kikuyu-Gesellschaft jeder Mann, ob verkrüppelt oder nicht, nach der Beschneidung als reif für seine Selbstständigkeit und damit für die Schaffung einer eigenen Familie und eigenen Besitzes gelte.[**] Dies bedeutet eine Gleichstellung, die durch die sonstigen sozialen und ökonomischen Benachteiligungen der Gruppe der Behinderten allzu leicht aufgehoben wird oder zumindest relativiert werden muss.

---

[*] Leakey 1977 II, S. 527f; Leakey 1977 III, S. 1019-1022
[**] Nkinyangi/Mbindyo Nairobi 1981, S. 35; vgl. Guimbous 1993, S. 71-86

Behinderte in Kenia

Behinderung ist in einem Land wie Kenia aufs Engste verbunden mit Armut. Diese für die Länder der Dritten Welt allgemein geltende Problematik wurde 1981, im Internationalen Jahr der Behinderten, in das öffentliche Bewusstsein gerückt – um bald wieder anderen Themen zu weichen.

Von den weltweit inzwischen über 600 Millionen behinderten Menschen leben rund 70% in Entwicklungsländern, von den betroffenen Kindern etwa 87%. Mangelernährung, unsauberes Trinkwasser, fehlende sanitäre Einrichtungen und medizinische Unterversorgung wie auch Unkenntnis führen dort oftmals zu angeborenen Defekten, vornehmlich jedoch zu einer Vielzahl vermeidbarer Krankheiten, die Dauerschädigungen und Behinderungen zur Folge haben. Im Zuge von Urbanisierung und Industrialisierung haben darüber hinaus die Zahlen der Opfer von schweren Unfällen im Straßenverkehr und am Arbeitsplatz zugenommen; weitere sind auf Gewalt und Krieg zurückzuführen.[*]

In Kenia nahmen nach Schätzungen der 1980er-Jahre Körperbehinderungen, überwiegend verursacht durch Polio, mit fast 70% den größten Anteil ein. Ihnen folgten geistige Behinderungen mit annähernd 19% und Sehbehinderungen sowie Blindheit mit jeweils rund 1%. Für ungefähre Angaben zum Ausmaß von Hörbehinderungen waren die Erfassungen am unvollständigsten (nur bezogen auf Kinder mit Gehörlosigkeit: ca. 0,2% pro Distrikt). Insgesamt beliefen sich die

---

[*] s.a. UNICEF Juniorbotschafter, VENRO 2004; vgl. VENRO 2010

Schätzungen auf einen Anteil von 10% Behinderten an der Gesamtbevölkerung Kenias. Von allen Betroffenen war den Angaben zufolge etwa ein Drittel mehrfachbehindert. Im Rahmen zunehmender gesellschaftlicher Umbrüche und damit einhergehender Desintegration wuchs auch die Zahl psychisch Kranker. Diesen steht bis heute ein besonders unzureichendes Versorgungssystem zur Verfügung.[*]

Im Wesentlichen nehmen sich in Kenia die überwiegend schon in der Kolonialzeit gegründeten nationalen Organisationen der Probleme der Behinderten an. Neben ihnen bestehen verschiedene kirchliche u.a. nichtstaatliche Einrichtungen mit dem Angebot von speziellen Ausstattungen, Wohlfahrts-, Ausbildungs- und/oder Beschäftigungsmaßnahmen, wie zunehmend auch Selbsthilfegruppen mit eigenen kleinen Werkstätten. In den meisten Fällen jedoch sind die Mittel sehr begrenzt und die Marktchancen für hergestellte Produkte besonders dann gering oder zumindest sehr schwankend, wenn sie auf den Tourismus ausgerichtet sind.

Die Regierung des Landes brachte (bei aller Kritik, die zu manchem berechtigt laut wurde) schon 1980 mit einem Nationalen Jahr der Behinderten das Thema an die Öffentlichkeit, befreite von Importzöllen für Hilfsmittel und bewirkte eine Zunahme von Sonderschulen und -klassen. Viele dieser Schulen sind allerdings Internate, die die Kinder schon früh von ihren Familien trennen; auch gälte es zu bedenken, dass meist – zudem kostengünstiger – schon wenige Spezialausstattungen ausreichen würden, wo es sich z.B. um Gehbehinderte im Rollstuhl oder auf Krücken handelt.[**] Merkliche Verbesse-

---

[*] s. Guimbous 1993, S. 36-49
[**] Die Schulen sind in aller Regel ebenerdige, leicht zugängliche Bauten.

rungen der beruflichen Chancen blieben weiterhin aus. Von größerem Gewicht ist, dass es in den 1990er-Jahren endlich gelang, Impfmaßnahmen gegen Polio koordinierter durchzuführen und damit die Zahl der Neuerkrankungen erheblich zu reduzieren. Mit der gleichzeitigen Zunahme von Verelendung – deutlich v.a. an der rapide wachsenden Zahl von Slums – sind an deren Stelle allerdings noch höhere Vorkommen von Mehrfachbehinderungen mit einhergehender geistiger Retardierung gerückt.[*]

In den traditionellen afrikanischen Gesellschaften ist es von besonderer Bedeutung für ein positives Selbstbild, ein nützliches Mitglied der engen Gemeinschaft zu sein. So empfanden sich auch die in einer kenianischen Berufseinrichtung befragten Behinderten ausnahmslos als positiv in ihre Familie integriert, wenn sie dort alternative, ihren verbliebenen Fähigkeiten entsprechende Arbeiten in Haus und Landwirtschaft übernehmen durften. Njuguna Githagui konnte in diesen Bereichen nur kleine Beiträge leisten, hatte aber das nicht häufige Glück einer Familie, die ihn unermüdlich im Rahmen ihrer Möglichkeiten unterstützte und durch ihre Leistungsorientierung weiterbrachte.

Während die Ursache für seine Behinderung nicht zu den dominierenden gehört, zeigt sein Schicksal viel Typisches für das Leben in einer Umwelt auf, in der sich schon Nichtbehinderten relativ geringe soziale und ökonomische Chancen bieten und es weder Arbeitslosengeld noch Sozialhilfe oder

---

[*] Vielen solcher Fälle nimmt sich in Nairobi auch in Slums – wo notwendig mit Hausbesuchen – heute u.a. die APDK mit Physio- und Beschäftigungstherapien an. Ursprünglich bietet sie überwiegend orthopädische Hilfen und Begradigungsoperationen für Poliogeschädigte, dazu in den meisten Provinzen auch Werkstätten.

Entschädigung für Patienten gibt. Seine Schilderungen gewähren auch selten erhältliche persönliche Einblicke in die letzte Periode der Kolonialzeit des Landes mit ihren seinerzeit verfügbaren – für die einheimische Bevölkerung besonders begrenzten – medizinischen und bildungsmäßigen Möglichkeiten wie auch geistigen Prägungen. Dass für ihn zu den Härten das Verwehren einer Einschulung gehörte, obwohl er zunächst nur relativ leicht behindert war, erscheint unglaublich.

Die Vergeblichkeit seiner auf die nationale Unabhängigkeit gerichteten Hoffnungen erfuhr – und erfährt weiterhin – die Mehrheit der Behinderten seines Landes: Die wenigsten von ihnen erhalten einen Arbeitsplatz, den übrigen sind überdurchschnittlich oft unterfordernde wie auch zu niedrig bezahlte Tätigkeiten aufgezwungen. Da der Anteil derjenigen, die überhaupt Rehabilitations- und Fördermaßnahmen erhalten, noch immer zu gering ist,[*] wäre es sowohl aus humanitärer als auch aus sozioökonomischer Sicht sehr zu wünschen, dass sich Entwicklungshilfe verstärkt der großen Randgruppe der Behinderten in Ländern wie Kenia annähme.

---

[*] Laut VENRO hatten 2004 nur maximal 4% der Behinderten in Entwicklungsländern Zugang zu Rehabilitations- und Fördermaßnahmen. Allerdings können hierzu regional unterschiedliche Verteilungen vorausgesetzt werden.

Literatur

Guimbous, Anna-Claudia: Behinderte in Kenia, Soziale und pädagogische Probleme einer großen Randgruppe, Diss., Frankfurt a.M. 1993

Kenyatta, Jomo: Facing Mount Kenya, New York 1965

Leakey, L. S. B.: The Southern Kikuyu before 1903, Vol. II, III, London/ New York/San Francisco 1977

Ministry of Tourism and Wildlife: Kenya, its people and their culture, Nairobi o.J.

Nkinyangi, John A., Mbindyo, Joseph: The condition of disabled persons in Kenya: Results of a national study, University of Nairobi 1981

UNICEF Juniorbotschafter: Wie viele Menschen sind behindert?, www. junior-botschafter.de/4785.html

Verband Entwicklungspolitik deutscher Nichtregierungsorganisationen e.V. (VENRO) 2004, www.venro.org/publikationen/archiv/AWZ-Stellungnahme.pdf

Verband Entwicklungspolitik deutscher Nichtregierungsorganisationen e.V. (VENRO): VENRO-Handbuch zu Menschen mit Behinderung, Berlin 2010, www.epo.de/index.php? ...